藍學堂

學習・奇趣・輕鬆讀

發現我的
多重職涯組合

哈佛商學院教你經營最佳職涯與多元身分，
一生平衡工作、生活和夢想

The Portfolio Life

How to Future-Proof Your Career,
Avoid Burnout, and Build a Life Bigger than Your Business Card

克莉絲汀娜・華勒斯 Christina Wallace ———— 著

何玉方 ————譯

獻給我的兩個孩子
Arden 和 Sebastian

整個世界是一座舞台，
所有的男男女女不過是演員罷了，
他們都有自己的退場和進場，
每個人一生中要扮演很多角色。

——莎士比亞，《皆大歡喜》（*As You Like It*）第二幕第七景

各界讚譽

　　我希望我在二十年前就擁有這本書。當時我的事業剛起步，我認為必須隱藏自己創造力的一面，才能在科技和商業領域中被認真看待。克莉絲汀娜在這本書中提出一個出色的觀點，即擁抱你的各種技能、興趣和社群，實際上反而會減少你的職業風險，使你脫穎而出，並為你提供一個與眾不同的人生，就像你自己一樣獨一無二。——蘭蒂・祖克柏（Randi Zuckerberg），科技媒體人、作家、獲東尼獎的百老匯製片人

　　是一本難得的書，有理論有實踐。我希望你有勇氣閱讀，並應用克里斯汀娜的及時建議！——克里斯・古利博（Chris Guillebeau），《你可以不只是上班族》（*Side Hustle*）作者

　　本書是追求多元、多面向生活的指南，克莉絲汀娜精湛地闡明了你無需為了工作發展而犧牲了對創意的追求，而規畫財務未來也不僅限於少喝一杯飲料這類表面作法。這是一本迫切且叛逆的指南，讓讀者在自己特殊的條件下也能好好過生活，並發展自己的事業。——希尼・斯凱貝特（Sydney Skybetter），布朗大學（ Brown University ）院長

　　無論你正要開始你的職業生涯還是考慮迎接新挑戰，都花點時間閱讀本書吧。克莉絲汀娜寫了一本既激勵人又實用的指南，提供了一個令人滿足、靈活且穩定的生活所需的思維方式和工具。——凱薩琳・明修（Kathryn Minshew），The Muse 創辦人兼執行長

這本書是送給網路世代的禮物。在這個變化空前快速的世界裡，克莉絲汀娜寫下對新一代年輕人建立富有深度、勇敢和美好生活不可或缺的指引。她本人就是她所描述的人類文氏圖，生活和工作在理智、感性和幽默的交集處。雖然她的個人故事極具啟發性，但她用人情味和謙遜的筆調寫作，讀來相當有趣，也能感同身受。這本書是拚命奮鬥文化下的解藥，一個令人讚賞的事實是，長久的成功來自於更聰明地工作，而不是得更努力、更快速。如果你準備好掌握自己的事業和生活方向，但不確定如何開始，這本書就是你的指引地圖！——艾比・法利克（Abby Falik），Global Citizen Year 創辦人兼執行長

克莉絲汀娜完美結合了分析、故事和幽默，檢視了年輕世代的困境，使得他們難以建立可穩定而充實生活的經濟方程式。本書提供一種新模式，顛覆了工作和生活曾經應該對立的觀念。——莫拉・艾倫斯 - 梅勒（Morra Aarons-Mele），podcast 主持人、企業家

如今很少有人一生只有一份工作，甚至一次只做一份工作，在這本充滿智慧而引人入勝的作品中，克莉絲汀娜分享穩定、愉悅職業生涯的創建策略，使我們能夠發揮所有的才華。——蘿拉・范德康（Laura Vanderkam），《要忙，就忙得有意義》（*Off the Clock*）作者

這是一本罕見的職業指南，平衡了專業發展與個人生活思維，鼓勵讀者為各種活動留出時間，即使這些活動與自己的工作無直接關係。——出版人週刊（*Publishers Weekly*）

目錄

PART ONE ｜ WHY 為什麼要改變

不怕學習，勇敢面對多元職涯

鄭俊德（閱讀人社群主編）

你現階段的專業能否為你帶來足夠的收入？你的專業未來是否可能遭遇科技變動的威脅？

過去的我們，總被鼓吹要好好念書、考個好大學，接著就能擁有好工作，並且靠著這份工作養家活口並持續到退休。

直到面對社會現實，才發現過去那套教育觀點不全然正確，更多時候只能使用一陣子，很多技能更新與淘汰速度極快。

本書作者提出這是一個多重職涯組合的世代，每個人將擁有更多不同領域的技能和經驗，而非僅專注於單一職業發展，就如同企業現在培育主管或接班人，也總會希望讓這位接手的同仁能夠有多部門的經歷，甚至跨部門整合的能力。

多重職涯組合的觀點類似過往大家耳熟能詳的「斜槓」，但卻也不全然是「斜槓」，因為多重職涯組合更強調商業職涯的發展，而非單純興

趣培養或是身分標籤。

　　過去工業化革命，職場需要的是流水線作業員，一個蘿蔔一個坑，每個人只要在自己的位置，擔任好螺絲釘的角色即可。

　　但來到了網路科技時代，人力費用高漲，企業的人事成本提高下，就會希望一個人能當多個人使用，另一個矛盾點是許多產業也大量缺工，因此不多的人力，老闆更希望員工十八般武藝樣樣俱全。

　　說到這裡就讓我想起一個插圖笑話：一位老闆帶著一個工程師談生意，並非常自豪地對客戶說，我們能夠為您提供滿意的一條龍服務，這時在旁邊的工程師內心說著：「對！我就是那一條龍的服務，只有我！」這個笑話，讓我印象深刻，也點出這世代一人多工的現況。

　　書中另外也帶出了另一個課題就是薪資的凍漲、物價的通膨，很多大學生一畢業就需要面臨龐大的學貸壓力，更包括經濟獨立下的生活費用高漲壓力，因此接案、兼職的現象也成為現在年輕人的常態。

　　我很喜歡書中提到一個觀點，那就是「投資組合人生」，現在很多人都會投資 ETF「指數股票型基金」，主要原因就是避免將雞蛋放在同一個籃子裡，透過多元股票組合降低投資風險。

　　「投資組合人生」也是一樣的觀點，提醒我們不該把自己單獨壓在同個職涯賽道上，或認定這輩子只在這家公司上班（你又不是公務員）。你可以透過多領域的專長，或是將觸角跨足到多產業，可以使未來遇到不確定性風險發生時，例如公司大裁員、倒閉或一個新科技來到，你可以有其他的退路可以選擇。

　　透過這本書也幫助我回顧職涯發展之路，從醫學工程系畢業，工作三年後創業，並在創業歷程中發現自己能力的不足，以及需要某些知識點，例如財務管理、網路行銷、業務銷售、口語表達等能力，而後再次邊進修

邊學習，去上了大學的學分班、坊間數萬元起跳的認證課程。

不知不覺中創業也來到了十六個年頭，擔任過多家企業的顧問、政府單位的諮詢委員及企業講師，並經營閱讀人社群，需要具備文案、直播、訪談、美工等多樣能力，都讓我深知過往的累積，不會有白費。

那麼該如何規畫自己的「投資組合人生」的多重職涯組合呢？

作者提供了許多工具以及人生提問，其中有三個問題可以有效幫助你釐清：我該如何發展自己。

這三個問題可以詢問你身邊的朋友或是自我檢視觀察：

1. 你什麼時候看到我最快樂的一面？
2. 在什麼情況下你會來找我幫忙？
3. 相較於同儕，我在哪方面脫穎而出？

這本書點出了未來世代需要面對的職涯發展課題，但我想跟你說，不要害怕，只要你不怕學習，並願意花時間閱讀，去認識自己更多，你將能夠往滿意的人生持續前進。

AI 世代，建立抗風險的多重職涯

- - - - - - - - **盧美妏**（人生設計心理諮商所 共同創辦人 / 諮商心理師）

職業世界唯一不變的，就是不停改變。

COVID-19、AI 人工智慧崛起……世界的變化日新月異，「鐵飯碗」、「一技之長用一輩子」這些在上個世代被奉為圭臬的準則，如今已經不適用了。身為諮商心理師和職涯諮詢師，近一兩年，我在諮商室中明顯感覺到焦慮正在全面蔓延，人們渴望預知未來，抓住趨勢發展的方向以獲得安全感，但我們都不是先知，沒有人知道什麼時候世界又出現巨大變革，也不確定哪些職業在未來會被取代。

面對高度不確定的未來，「彈性」很重要。

這本書便是在變革中誕生的。作者克莉絲汀娜‧華勒斯是個興趣廣泛的人，從大學就學習許多不同專業，職場也橫跨藝術、顧問、科技……等不同領域。在過去，這樣分散的經歷可能會被視為沒定性、不專注，但在充滿變化的現代世界，擁有多元、跨領域能力的人，更有機會為自己爭

取更大的發展空間。

　　我在諮詢中很常遇到像克莉絲汀娜這樣的個案，才華洋溢、興趣廣泛，但在職場上工作幾年，卻苦於自己沒有像別人（通常是長輩）一樣找到「一個」方向。我們似乎被洗腦，一定要找到「一個」長期耕耘的專業，才能收穫成功的職涯。但真的是這樣嗎？

　　「只從事一份工作可能是你這輩子最冒險的職涯選擇。」作者說。

　　我很認同本書提到「投資組合」的概念。疫情之後，我經常主講的一堂課名為「抗風險的斜槓職涯」，其中就運用了這個概念──雞蛋不要放在同一個籃子裡，既然我們不知道未來的世界長什麼樣子，在做職涯規畫時，像投資規畫一樣分散風險，也許是更適切的選擇。

　　該如何建立抗風險的職涯？本書從投資組合的四大支柱談起，身分、選擇性、多樣化、彈性，作者清晰具體的帶領讀者建立自己的理想職涯，有她自己實踐多重職涯的經驗，也有明確的實踐步驟。

　　在閱讀的過程中，你會發現作者想傳達的不只是多找幾份工作，而是很全面的人生規畫：建立一種將自己的專業、熱情、興趣融入職業，同時能滿足財務需求的生活方式。

　　如果你常苦於自己興趣廣泛找不到「一個」專業，如果你想在多變的世代建立抗風險的職涯規畫，如果你渴望在工作與生活中找到平衡，《發現我的多重職涯組合》正是一本為那些尋求在不確定的世界中想找到個人與職業平衡的人所寫的指南，作者本身就是成功的多重職涯典範，全書好讀且實用，幫助讀者理解自己、建立屬於自己的理想職涯。

改變、學習，幾歲都可以！

-- NeKo 嗚喵（說書人）

廢話不多說，這本書人生必讀。

記得那天跟一位小貓（我的粉絲都叫小貓）談到原生家庭的問題，我對她說了一個 70 歲的老奶奶想學吉他的故事，奶奶覺得自己太老了，可能來不及學習了，沒想到她活到一百歲，她遺憾地說：「如果我那時候開始學吉他，現在就學了 30 年了呢！」

改變、學習，幾歲都可以！只是要如何開始、怎麼開始？我想所有的第一步都是：停止抱怨。

作者在書中的第一部揭露，大環境怎麼一步步變成這樣（據透警告，反正都是資本主義），那些改變我常常在大家的哀嘆聲裡聽到。

「買不起房子啊」、「哪可能生活，光是生存就很辛苦了」、「興趣是有錢人在講的，窮人只能把時間拿來兼差」……七成抱怨在錢不夠，

兩成抱怨小孩、同事、伴侶，最後一成在怨天尤人。

　　與其站在糞坑裡抱怨很臭，不如想想：WHY（為什麼要改變）、WHAT（你擁有什麼）、HOW（如何做），才能從真正意義上脫離糞坑。

　　我很喜歡這本書的概念，把人生當成一間公司在規畫，自己就是人生的 CEO ！不只是從根本意義上的分析什麼人適合怎麼樣的職業、工作模式，還能一步步規畫屬於自己的生活與工作平衡的「經營策略」，讓工作、興趣、健康、家人都能夠兼顧，從裡到外，完成「投資自己」的完美組合。

　　作者在第三部 HOW，一步步帶著大家進行改變，我很喜歡書中的一段話：「未來的幸福絕大部分取決於我們每天做的選擇。」

　　選擇如何運用自己的時間、選擇用什麼態度面對自己的工作、選擇用什麼心態應對自己的家人，當然有更多選擇都像電車難題（編按：生死抉擇的道德哲學議題）一樣，艱難困苦且左右為難。所以第 7 章有一個完整的章節教你，該怎麼衡量生命中的這些指標。

　　這本書不只有理論，還有很多實務操作和精彩的案例，還有作者自己的人生經驗分享，越讀越有醍醐味，真的很棒。

　　那天我和小貓暢談到最後，我對她說：「妳的家人可以因為年紀選擇不改變，但妳一定要同意，什麼年紀都可以改變！只有這樣才能擺脫輪迴。」

　　我想選擇閱讀到這裡的你，已經做好爬出糞坑的準備了，Let's go ！

前言
被打亂的人生

　　我的祖父在通用汽車公司裝配線上工作了四十多年，二戰期間他在軍隊中服役了幾年，回國上了一年大學之後，找到一份焊接底盤的工作，使他能夠供三個孩子上大學。我的祖母則是家庭主婦。祖父退休之後領了一筆優渥的退休金，生活還算舒適。我母親在學時學的是文書工作，近四十年來一直是一名全職、有固定薪水和福利的行政助理。做為一個單親媽媽，她無法支付我和姐姐的大學費用，但在祖父母偶爾的幫助下，收入足以維持我們的生活。

　　如今，這兩種工作的薪資報酬都不足以養家活口。我父母和祖父母那一代人享有穩定的長期就業，和足以提供生活保障的薪資，現在早已不復存在。相反的，我們這一代人一直被灌輸著勤奮工作和節儉的價值觀，好像週日偶爾吃一次酪梨吐司早午餐就是造成我們付不起房屋頭期款的原因。事實上，我們面臨的問題有多重因素，如鉅額的學生貸款、在許多就

業市場中限制供應的住房政策，以及除了少數白領菁英之外，**薪資優渥穩定的工作逐漸消失**。[1]

　　大家都看過這些新聞標題，《赫芬頓郵報》（*Huffington Post*）大聲疾呼：「為什麼千禧世代❶正面臨著自經濟大蕭條以來最可怕的財務未來？」[2] 麥可·霍布斯（Michael Hobbes）在三年前全球疫情大爆發之前寫道：「我的房租幾乎占去我收入的一半，早在冥王星還算是行星之前❷，我就沒有一份穩定的工作，我的存款消失的速度比嬰兒潮世代融化的冰川還快。」他指出：千禧世代背負的學生貸款債務比父母輩多了 300%，[3] 擁有房產的青年人比起 1975 年少了一半，[4] 根據目前的趨勢，我們大部分的人將得工作到 75 歲才能退休。[5]

　　同時，在 Medium 網路文章發布平台上，克萊歐·張（Clio Chang）宣稱我們是「受裁員影響的一代」，[6] 文中講述在舊金山一位有志成為教師的潔米·布朗（Jayme Brown）在職業生涯中經歷多次被裁員，她沉重地表示：「我對我的工作抱持不信任的態度。」在不到七年的時間裡，布朗就換了五份不同工作，從科技新創公司到非營利的博物館領域，距離她的教師夢想還差得很遠，「我對於現有體制和管理者完全沒有信心。」

　　在 BuzzFeed 網路媒體上，安妮·海倫·彼得森（Anne Helen Petersen）對這種情況的評估同樣悲觀，給予千禧世代「倦怠世代」的稱號，[7] 她寫道：「倦怠及其伴隨而來的行為和壓力負擔，已經不是去度個

---

❶ 編按：千禧世代一般指 1980 至 2000 年間出生的人，在科技快速發展、全球化的環境中成長，重視多元和包容的價值觀，留意社會和環境議題，並傾向挑戰傳統觀念。

❷ 譯注：2006 年 8 月國際天文聯合會（IAU）公布新的行星定義，將冥王星排除在外。

假就能解決的問題了，倦怠不僅限處於極度高壓環境的工作者，也不是暫時的痛苦，這是千禧世代面臨的常態，是我們生活中的常溫，是我們的背景音樂。這就是現實，這就是我們的人生。」

儘管千禧世代受的教育程度比父母輩更高，面對的卻是美國有史以來第一個經濟狀況較差的一代。[8] 為什麼呢？因為收入停滯不前、產業面臨困境，以及住房、醫療和教育成本飆升，而資本主義所謂的「創新」措施，例如將員工從資產負債表中移除，變成委外人員、臨時工，或沒有福利和前景的約聘僱員，不僅只存在於傑克・威爾許在奇異公司的傑出任期間，也成了許多大企業追求提高華爾街季度財報選擇的常態作法。[9]

然而，這還不是唯一的壞消息。不幸的是，還有第二個趨勢要納入考量：**變化成為新常態**。創新的速度不斷加快，引發了大大小小的變化，從我們與朋友和家人保持聯繫的方式，到新的商業模式和技術能力顛覆並改變各行各業。

此外，還有一些宣稱是「史無前例」的災難事件，卻莫名其妙地在我成年時期出現了三次（或許你也都經歷了）：911 恐攻事件（我上大學後第三個星期）、2008 年金融危機（我進入商學院後的第三個星期）、和 COVID-19 全球疫情大爆發（就在我生完孩子幾個月後），再加上全球氣候變遷的持續威脅，這就是一個每十年左右經歷一次劇變的世界，餘震效應帶來幾乎持續不斷的破壞，影響到我們生活的各個層面。

那麼，我們該怎麼辦呢？一桶 Ben & Jerry's 冰淇淋和幾句鼓勵的話是解決不了這個問題的。如果期待政治或商業領袖來拯救我們，那可有得等了。反之，我們需要一本新的行動指南，以建立一個能夠承受混亂和波動的生活，同時滿足我們的需求，並激勵我們追求個人生活和職業夢想。這是一項艱鉅的任務，但並非不可能。事實上，這些指南已經存在於其他

環境中，只需要用一點點的創造力調整，就能夠符合我們的目標。現在就啟動「**投資組合人生**」（The Portfolio Life）。

　　在我的職業生涯早期，我偶然接觸到投資組合人生的概念，雖然許久之後我才找到適當的語言來表達。十七歲時，我得到了獎學金，進入一所昂貴的大學就讀，靠著貸款和打了三份零工來補貼家用。我的興趣十分廣泛，並不想只專注於一件事，但我很清楚家裡的經濟狀況並不允許：如果我想在學校畢業後有好的就業前景，勢必得發揮我所有的技能。我很努力工作，希望所有的花費都物超所值，我知道每學期無論修 12 還是 23 個學分，學費都是固定的，因此四年後，我是以雙主修、三個輔修和超修了五十多個學分的成果畢業的。由於沒有家族的人脈關係或經濟保障，我知道我必須機智靈活一點，創造屬於自己的機會。

　　畢業之後，我選擇在非營利的藝術界開啟我的職業生涯，先是擔任地區劇院的導演，後來成為國家歌劇院的藝術行政人員。然而，雖然我熱愛這份工作，卻很快發現這類工作無法支應我的生活開銷。最近由於非營利機構趨向企業化的經營模式，慈善家開始衡量組織有多少資金直接運用於實現目標，這代表實際運作所需的經常性支出通常資金不足。反之，非營利組織的員工希望從熱愛的工作中獲得溫暖和愉悅感，即使這些並不能滿足實際生活需求，如付房租或投資退休金。因此，我再次深入挖掘我的技能，尋找補充和多樣化收入的機會，我擔任舞台木工、當家教、教鋼琴，也從事內容行銷的接案工作。然而，我終於認清對沒有任何資源的工薪階級的孩子來說，很難長久在藝術界立足生存，我決定轉向商業界，在投入創業和科技領域之前取得了 MBA 學位。

　　科技新創公司就如同藝術界一樣充滿不確定性，是一個創造力和機

遇並存的領域。白手起家建立一番事業固然令人感到害怕，但同時也給了你思考空間，看看如何超越現狀，想像更遠大、更美好的事物。同樣的，新創公司會要求你身兼數職，充分利用能從你身上挖出的每一項技能、人脈和工具。

表演藝術和科技新創公司看似不同世界，但彼此相似的地方也不讓我意外，畢竟，我可是個數學和電腦宅，也同時是音樂和戲劇迷。當我透過共同的朋友結識了一位同樣對數學和戲劇都有濃厚興趣的人時，我知道像這樣有多重專業的人肯定不只我們兩個。於是，我們開始尋找和聯繫其他有多學科背景的怪人，因為我們有種預感，這些人可能掌握著在不斷變化的世界中建立快樂、成長和充實生活的關鍵。

我的 podcast 合作夥伴是凱特・史考特・坎貝爾（Cate Scott Campbell），她是定居在洛杉磯的演員、導演和作家，同時還兼職教授數學、提供品牌諮詢服務，她還擁有除了實境節目「魯保羅變裝皇后秀」（RuPaul's Drag Race）之外最令人印象深刻的假髮收藏。2016 年初，我們與《富比士》（Forbes）合作設立 podcast 節目「極限不存在」（The Limit Does Not Exist），訪問那些跨領域發展打造獨特生活的多重專業人士。我們希望找到這些不受傳統路線束縛的人，探索他們建立豐富、多元化夢想生活的共同線索、竅門，和最佳實踐方法。

在一集又一集的節目中，我們聽到了同樣的故事：這些人打造了一系列活動，以滿足他們多面向的身分，提供穩定財務，幫助他們因應突發變故，並提供比單一生活方式更多彈性的選擇。在早期某一次訪談中，我突然頓悟了，當時我們正在訪問科技業高層、天使投資人、東尼獎得主和百老匯製作人蘭蒂・祖克柏（Randi Zuckerberg），我注意到在投資新創公司和投資商業劇場製作之間存在著相似之處，兩者都依賴投資組合的策

略，在某種程度上，這也是我們所有嘉賓在建構自己人生時使用的策略。

我突然想起了 2010 年與 MBA 同學的一次對話。「我不想要單一路線的職業生涯，」畢業前幾天，我們走過查爾斯河人行橋時，我告訴朱莉，「我甚至不想要投資組合的職涯。我想要的是一個投資組合的**人生**。」我的 MBA 財務課程教會了我計算金融資產投資組合的風險、回報、多元化和波動性的方程式，這些理念絕對也可以應用到我們的生活中。沒錯，這包括有薪工作，但也包括愛好、家庭、社群、個人發展、健康和人際關係。

針對這個想法進行了十多年的演講、寫作、指導和探索思考之後，我終於坐下來動筆撰寫。本書借鑑了學術研究、已經建立投資組合人生的個案、以及我個人的經驗，旨在幫助你制定自己的行動計畫。這不僅限於思想教育或啟發，而是需要實際行動。如果你付出努力，到本書結束時，你將具體了解自己是誰、目前的現況、未來想要達到什麼目標，以及如何串聯各項要點，過上你夢寐以求的生活。

我也希望你能廣泛地分享本書，也許你可以藉此向父母解釋，為什麼**多元化的興趣**是你的超能力，而不是不穩定的跡象；你也可以給老闆看看這本書，幫助他們理解你在**工作之外的生活價值**。也許你可以不時地回頭翻閱，以確信自己在對抗晚期資本主義的不公平待遇時，能夠塑造出一個全面結合工作、人際關係、個人興趣和休息放鬆的平衡生活。

本書分為三個部分。第一部著重於了解我們為何會走到這一步（內容提醒：這與領導力的系統性失敗和貪得無厭的追求有關），以及我們該如何運用投資組合概念於生活中，以培養身分認同、選擇性、多樣化和彈性，來因應面臨的挑戰。

在第二部，我們要捲起袖子開始行動：這是一個契機，能夠讓你更

清楚地了解自己，定義最適合你的商業模式，並勾勒出一個策略，能夠滿足需求，並同時追求你最瘋狂的夢想。

最後，第三部我們深入探討具體細節，提供工具和策略執行方法。我們將會用執行長、行銷長、營運長、財務長、策略長的視角，來檢視你的投資組合，看每位領導者將帶來什麼樣的思維模式和資源，幫助你建立團隊、講述故事、合理運用時間、管理財務，並關注未來。

在連續創業十年後，我最近回到我的母校哈佛商學院擔任資深講師，教授創業和行銷等相關課程。雖然我還是喜歡開新公司帶來的刺激感，但我需要「重新平衡」我的投資組合，以便給予我年輕的家庭更大的靈活度。我的抱負並未改變，但是我的需求改變了，我希望根據情況調整投入我的責任、時間和才華。**這就是投資組合的力量：跟你一樣充滿活力，確保你擁有人生每個階段都需要的東西，同時不放棄追求目標，因為這一切的重點是要設計一個為你服務的生活**，而不是相反。生活被打亂造成我們現下的處境，但我們可以決定如何前進。投資組合人生可以讓你重新掌控主導權。因此，讓我們開始吧。

WHY

為什麼要改變

Chapter 1

變化是現代生活的新常態

你是怎麼走到這一步的？／哪些時刻造成重大影響？
——美國音樂劇作家史蒂芬·桑坦（Stephen Sondheim），
音樂劇《歡樂歲月》（*Merrily We Roll Along*）

　　我常常形容自己精通三種語言：英語、數學和音樂，我在同一個時期開始學習這三件事，難以想像我的生活中少了其中任何一項會是什麼樣子。高中時，我就讀一所表演藝術學校，除了學習鋼琴和大提琴外，也透過藝術觀點學習微積分和物理學，透過阿拉伯舞的姿勢理解扭力，透過製作非洲手指琴來研究聲波，也透過數字低音（figured bass）的和弦轉位才開始體會了置換群（permutation groups）這個數學概念。儘管這些跨學科的關聯對我來說是顯而易見的，但只要專注一件事的壓力始終存在，我的老師會問：「你長大後打算做什麼？要選擇哪一個領域？」

　　我選擇不去選擇。

　　在大學時期，我主修數學和戲劇，同時輔修音樂、物理、和政治學。我利用三角函數來建構舞台布景，透過製作戲劇體驗創業精神，我的生活充滿了密碼學、舞台格鬥、室內樂和懸浮微粒，我研究、講述故事、從無

到有創作出成品。然而，隨著畢業的日子即將到來，問題又再次浮現：「你打算用這些興趣建立什麼樣的職業生涯？是不是該開始認真和專注在某件事上了呢？」

但我為什麼只能做一件事呢？達文西也從未專注特定領域啊！

在十五世紀，博學多才的文藝復興人的理念開始形成，特點是具有「無窮的好奇心」。[1] 沒有人比達文西更能體現這種理想，他既是一位藝術家，同時也是發明家、植物學家、建築師、詩人、數學家、地圖繪製者，還有其他許多不同的身分。這種博學的理想源於通才教育的觀念，然而，遺憾的是，這並不代表是全民教育，而是指涵蓋了科學、哲學、語言和神學等廣泛學科的教育，而非僅僅專注於單一領域，這種理念是現今所謂的通識教育的基礎。

那麼，我們是如何走到這一步的呢？從追求全方位、跨學科、支持博學發展的通才教育理想，演變到現今社會要求青少年選擇一項專科，被迫決定自己未來六十年的人生道路？

首先，工業革命發生了。

從多元發展，到走入公司、工廠裡

快速一提：如果你對於深入探討一切問題的根源不感興趣，只想要直接找到解決方案，不妨跳過這部分，我能理解。有一些人已經深受困擾很長一段時間了，並不需要更多的證據，而是需要一個具體的計畫，如果你屬於這種情況，請直接跳到第 34 頁「為自己寫下新的遊戲規則」，從那裡開始閱讀，我不會介意。然而，我想探討這個根源，因為我認為有必要讓大家明白這是制度性的問題，不是你個人無法理解的失敗（換句話說：

建議你與父母分享這個章節）。

　　好的，以下簡單地闡述我們是怎麼走到這一步的：早在工業革命之前，大多數沒被奴役過的西方人，生存於重視多樣化專業技能的世界。跨學科的教育還是只有富人階級才能接觸到，但工人階級掌握多種技能，將自己的才能轉化為有市場價值的技能，並透過與他人進行商品和服務的交換，彌補自身缺乏的專業知識。例如，會手工製作皮鞋或將陶土製成廚房用具的人因能力而受到重視，成為當地社區不可或缺的成員，在軋棉機發明之前，擁有特殊技能的工匠生產了歐洲大部分的製造商品。[2]

　　然而，沒有人是光靠一項才能或工作維生的，大多數的家庭自給自足、種植食物、照料土地，並分擔維持家園運作所需的一切勞務。一位靠紡織手藝過活的師傅，可能同時也擅長修理漏水的屋頂、防止作物受害蟲侵襲、或協助家畜分娩。即使是店主和專業工匠，回到家時，通常也必須兼顧多項雜務和家庭職責，這是一種工匠農業混合型經濟體系，迫使人們掌握多種技能以滿足生活基本需求。

　　到了十八世紀中葉，隨著勞動力從家庭農場和緊密聚集的村落轉移到工廠和不斷擴張的城市時，人們對工作和專業化的理解也開始轉變。流水線生產作業、機械化操作和大規模生產的興起，造成了勞動分工和強迫專業化。工廠老闆和主管將工人分為不同組別，並為各個小組分配一項任務，強壯的工人負責運送原料到工地，擅長機械操作的工人負責修理損壞的機器，靈巧的工人則負責維護生產線。單一技能成為個人職業生涯的核心，[3] 由於工作都以現金工資為報酬，因此任何超出本身工作範圍的基本需求，都需要透過購買以得到滿足。城市生活支持這種模式，將過去家庭交易商品和服務轉移到商店，人們不再自己種菜或自製肥皂，而是逐漸依賴工資來購買自己無法生產的物品。[4]

勞力分工使生產效率提高，工廠製造的商品變得便宜，城市也蓬勃發展。博學者和會多種技能的師傅開始淡出公眾視野，專業管理隨之成為重要的趨勢，進一步加速了這種轉變。

歐洲和美國早期的工廠是由創辦的家族掌控，工廠業主和管理者之間難免有親戚關係，通常是父子。當時，單一家族往往壟斷整個行業，如洛克菲勒家族掌控石油業、卡內基家族掌控鋼鐵業、摩根家族掌控銀行業。工廠工人是從街頭招募的，但將近一世紀以來，所有的工業領導權都掌握在家族內部。

到了一九三〇年代，經濟學家開始對這些裙帶關係提出質疑，認為將組織的監督管理權與所有權分開有助創造穩定性。他們主張最好將一些高層的決策責任交給受過人事和系統管理培訓、冷靜客觀的專業人士。[5]因此，一種新型的專業領導者應運而生，為企業領導階層更加專業化鋪平了道路。

經理負責制定工作該如何執行的相關決策，而員工則是負責執行具體任務，這種權力動態使過去的工匠和專家工作文化失去光芒，將員工定位為大規模勞動過程中的次要參與者，他們是「機器中的齒輪」，有句話是這麼說的。❶狹窄專注的工作變成了常態，不管是在工廠內部，還是在新興的辦公環境中進行文書和聯繫工作。[6]服務業開始出現於一九五〇年代後期，包括餐廳服務員、清潔工和卡車司機等各種工作，[7]進一步促進

---

❶ 管理階層與員工之間巨大的權力差異催生了勞工運動，以集體反抗長時間工作、惡劣的工作條件和無法維持生計的工資。因此，工會成員人數在二十世紀後半葉下降之後，在二十一世紀再次成長，也就不奇怪了。

了專業化的發展。

　　至本世紀中葉，已經出現了數百種不同類型的工作，其中很少有需要精通多門學科或技能的。經濟蓬勃發展，中產階級應運而生，讓整個體系運作的祕訣是什麼呢？正是公司對員工的妥善照顧。

　　我知道，這聽起來很奇怪，但在美國資本主義興盛的「黃金時代」，許多公司獲得豐厚的利潤，因此從來不必選擇要討好哪一方：利潤充足，所有股東和員工都能得到可觀的報酬。[8] 做為回報，員工對公司忠心耿耿，認為那種程度的持續關懷值得忠誠相待，這是經濟史上近乎神話般的時代，員工畢生職業都奉獻給一家公司，每年都能獲得節日獎金，在退休時獲贈金錶禮物。[9]

　　這是經濟史上短暫而輝煌的時刻，影響了數百萬人對「成功」的看法，可能包括你的祖父母，甚至你的父母。如果他們成長於那個「輝煌時刻」，可能仍然固守那種成功的模式，當時白人男性從戰爭中歸來，還能負擔得起大學教育，確保能獲得一份好工作、穩定的升遷、和退休時的養老金。❷ 然而，後來世界發生了變化。

現代經濟的真實代價

　　在一九七〇和八〇年代，隨著國際旅行和航運變得更加容易和便宜，企業開始在全球擴張業務。企業競爭變得更激烈，商業領導者意識到需要滿足股東的期望，確保公司持續成功，這帶來了對職場「效率」的新關注，表現在執行「六標準差」（Six Sigma）❸、不斷裁員，以及看似永無止境的組織重組。

　　在這個以股東為中心的新經濟體系中，公司無法再對員工如此慷慨，[10]

因此削減了福利待遇，裁減員工數量，將全職員工轉為兼職人員，並透過技術自動化操作，以減少營運成本。

接著出現了一連串的經濟衰退，自一九七〇年代後期以來，一共發生了六次衰退，其中包括 2008 年次級房貸危機之後延續兩年之久的經濟大蕭條，伴隨而來的是工資停滯不前：從 1979 年到 2019 年的四十年間，每週平均工資**總共**只增長了 17.2%（平均年增長率約為 0.43%），而同時期美國工人的生產力增長了 72.2%。[11] 對許多美國人來說，面對工資停滯不前，維持生計唯一的辦法就是借錢來應付開銷。

還要再加上高昂的大學教育費用。根據美國教育部的數據，1980 年一所四年制高等院校的學雜費、住宿和膳食費，平均一年約為 2,809 美元（相當於今日大約 9,500 美元）；到 2021 年，這個數字已將近 2.6 萬美元。[12] 隨著高等教育成本不斷上升，大多數借款人一直到中年都還無法清償沉重的學貸。數百萬美國人總共背負超過 1.75 兆美元的學生貸款債務，是 2005 年的三倍之多。我正是那些從大學到研究所就學貸款超過六位數的借款人之一，你很有可能也是。

學生貸款與家庭債務不同，無法透過宣告破產來免除，是難以逃避的負擔。此外，別忘了還有住房、醫療保健和育兒成本也在不斷增長：

---

❷ 在戰後的職場中，對於白人女性來說情況並不那麼樂觀，她們的平均工資約為白人男性的 60%，而且通常在生育之後遭到解雇或被迫辭職。而在一九五〇年代的繁榮時期，黑人和有色人種基本上都被排除在外，無論男女，在接下來的幾十年裡，持續面臨在職場、住房和教育方面的實際隔離。因此，到了 2020 年，黑人和白人之間的工資差距相較於 1950 年並未縮小。

❸ 六標準差（Six Sigma）是一套用於改善製造和業務流程的技術和工具，由摩托羅拉工程師比爾·史密斯（Bill Smith）於 1986 年首次提出。

1970 年至 2017 年間，以考慮通膨後的美元計算，房屋的中位價格增長了 40%，而家庭收入基本上卻維持不變；[13]2019 年，美國人在醫療保健方面的支出是一九八〇年代的兩倍；[14] 而 2021 年的育兒費用比 1977 年高出了十倍以上，平均每年增長率為 6.1%（幾乎是同期通貨膨脹率的兩倍）。[15]

我並不是刻意要描繪一幅黯淡的前景，❹ 而是試著幫你了解為什麼我們承接而來的經濟模式並不適合你或你認識的任何人。簡而言之，你之所以沒辦法實現傳統定義成功的美國中產階級成年人應有的里程碑——有穩定的職業、房屋、伴侶、生兒育女，或稍微昂貴的興趣、適當的健康保險、開始累積退休金，再加上一些休閒、做義工或旅行的自由時間——其實**不是你個人的失敗**。系統性的轉變使得達成這些里程碑變得比以前困難許多，對於任何一開始就沒有家族財富優勢的人來說，幾乎不可能同時滿足所有條件。

過去二、三十年的轉變，徹底改變了我們對職業和生活的看法，這代表我們父母和祖父母提供的善意建議，對我們來說是行不通的。儘管無數的新聞報導讓我們相信這是自己的錯，但其實並不是，我們面臨的挑戰是制度崩潰的結果。有很多關於調整制度的論點我完全支持（例如，不受就業限制的全民健康保險就是一個很好的起點），然而，在我們努力尋求長期系統性解決方案的同時，不要輕忽了個人在當前形勢下的生存發展也擁有選擇權。

---

❹ 雖然我知道聽起來很不樂觀！

變化不見得全是壞消息

在 COVID-19 疫情爆發之前，已經開始出現了一些重大變化，而封城措施更是劇烈打亂了常軌，許多行業大規模轉向居家工作，也有人長時間失業，使人們更體認到激烈的競爭是不值得的。對許多人來說，為一個隨時可能翻轉的不穩定生活而長時間工作，似乎已經不再是個划算的交易。

「我們現在會發現，人們開始重新評估自己與工作的關係，」自由接案網站 Upwork 的執行長海登・布朗（Hayden Brown）告訴《紐約時報》，「這些人想對工作表示：『等一等，我需要一些改變，我想用不同的方式劃界限，我希望跟工作建立與過去不同的關係，我想要有更多自主權。』」[16]

2021 年 6 月，美國勞工部報告稱，光是 4 月份就有四百萬美國人辭去工作，這是前所未見的，被新聞媒體稱為「大辭職潮」現象的開端。雖然我們不能將這些辭職歸因於單一動機，但對於許多工作者來說，尤其是經濟知識分子，這是一個重啟和再架構與工作的關係的機會。「這些人……離職並不是因為疫情對他們的職業造成障礙，而是因為疫情多少促使他們徹底重新思考工作在人生中的角色。許多人欣然接受職涯縮減，自願減少工作時間，關注生活中的其他層面。」數位及職涯成長專家卡爾・紐波特（Cal Newport）在《紐約客》（*New Yorker*）雜誌中寫道。[17]

有些人嘲笑這些選擇是一種 YOLO 行為（You Only Live Once，人生只有一次），[18] 但就算是吧，這種決定好像也沒錯，畢竟人生**真的**只有一次，在經歷了全球疫情之後，許多年輕人和中年上班族突然有了相同的領悟：你可能很熱愛你的工作，但工作不會回報你同樣的愛。正如作家瑪

麗斯‧克里茲曼（Maris Kreizman）所說的，「精英主義的概念是個謊言，努力工作唯一能保證的是無償加班，而不是成功。」[19]

不管你信不信，這種集體崩潰其實有其正面意義：使我們得以擺脫狹隘的專業化和線性職業發展的束縛（正是我們的父母輩受到壓抑之處），讓我們有機會打造更適合自己的充實生活。我們不能照著父母的方式做出相同的選擇，因為身處不同的世界，因此得有所不同，做出更符合自身實際需求和價值觀的選擇，而非墨守成規。考慮到我們可能得工作到老死，或者至少比父母輩規畫的時間多工作十年或二十年，退休的夢想讓我們更迫切需要尋找一個令人滿足、可持續的長遠模式。

這是一個契機，**用我們自己的標準重新界定「成功」的意義**，拋開讓許多人感到痛苦的名利追逐。所幸，在這一切的混亂之中，我們有機會擺脫現狀，設計一種全新的職業心態、人際關係，和讓我們真正感到快樂的生活方式。

為自己寫下新的遊戲規則

舊的遊戲規則行不通了：為了一個職稱、財務穩定和升遷的機會，而長期奉獻給一家公司，已不再是個划算的交易。那麼，有什麼替代模式呢？

首先，將你個人的身分定位與目前的工作分開，說穿了，你的人生不是只有工作。《大西洋》（*Atlantic*）雜誌的專欄作家德瑞克‧湯普森（Derek Thompson）指出，美國傳統宗教信仰衰落，同時興起眾多「新無神論」的觀點，其中包括他所謂的「工作主義」（workism），[20] 亦即工作成為個人身分和人生的核心目標。更令人不安的是，全憑工作頭銜

來定義個人身分和成就，也代表「除非找到職業靈魂伴侶，否則就是虛度一生」。

工作確實可以為生活帶來意義，但不該成為生活的全部意義。相反的，要透過更廣闊的視角來思考自己的身分，將個人、職業和人際關係的目標都納入考慮，來定義人生目的，否則，正如德瑞克警告的，「成為工作主義者就是崇拜一個有解雇權力的上帝」。哇，把這句話寫在便條紙上吧，隨時提醒自己，**不要把自己的身分定義權交到別人手中**。

其次，另一種替代模式是，將你未來的（甚至是現在的）機會重新定義為一系列廣泛的可能路徑，而不是一條狹窄、單一的軌跡。正如工程師兼創意作家賈伊·查克拉巴蒂（Jai Chakrabarti）在商業雜誌《快公司》（*Fast Company*）中寫道：「**人生不是一直線**，至少我還沒找到一條我想走的直線生涯。人生反而更像是蜿蜒曲折的道路，所有追求美好的努力都會以不同的視野回報我們。」[21] 他抗拒繼續追求快速升遷的工程師工作帶來的壓力，決定休息一段時間，攻讀創意寫作碩士學位，他知道自己最終會回歸電腦編程領域，他表示：「我在印度加爾各答長大，我知道我最喜歡的孟加拉作家白天都有一份全職工作。協助將梵文與維多利亞時代的影響融合在一起的班金·錢德拉·查特吉（Bankim Chandra Chatterjee）創作了十四部小說和詩集，還寫了一系列科學相關的文章，而他大半輩子的時間也從事稅務員工作。」查克拉巴蒂體認到，他的現在和未來都有足夠空間來容納自己所有的熱情，也能慢慢地發揮創意來追求這些熱情，這給他充實感和多樣的選擇。

第三，這種新模式提供一個選項，**可以透過多元管道滿足自身需求**（包括財務、發展、社交和專業），而不是完全依賴一份工作、一家公司或一個行業。企業不太可能逆轉削減成本的趨勢，突然提供昔日的慷慨福

利，更可能的情況是，到處遊說，進行大刀闊斧的福利政策變革，將健康保險、人壽保險、短期和長期的失能保險、退休帳戶和彈性消費帳戶（flexible spending accounts，FSA）等，與職場分離出來，使個人以合理價格購買這些福利。然而，即使如此，這只是一個中長期的夢想，遠遠地超出我們的控制範圍。在短期內，這種新模式使你能夠評估自己的需求，多元化地因應這些需求，確保你現在和將來能夠照顧好自己（以及未來的家庭）。

第四，這種模式在時間管理、因應變遷和調整承諾方面有更多彈性，不再受限於過去狹隘的工作與生活平衡定義，只能將時間均等分配於私人生活和職業之間。反之，你更有能力隨時因應突發狀況，**為重要事情騰出時間**。與其採取僵硬的二元選擇——不是全職工作，就是中斷職涯以應付生活中其他承諾——這種鼓勵多元活動組合的模式，包含可能為家庭或社區付出的無償勞動，提供更細緻、更具包容性的工作生活平衡定義。

身分（Identity）、選擇性（Optionality）、多樣化（Diversification）和彈性（Flexibility），這些是「打造多元工作組合」的四大支柱。

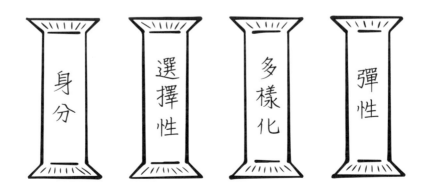

你也能擁有投資組合人生

那麼，所謂「投資組合」（portfolio）的涵義究竟是什麼呢？最簡單的定義是指集結精選項目以達到特定目的或目標。你可能在許多情境中見過這個詞：

一位藝術家的「portfolio」（作品集），可能包含最能展現其才華和興趣的代表作；

學生的「portfolio」（學習檔案），可能包含求學期間重要的計畫和論文；

金融領域的「portfolio」（投資組合）則是整合一系列的投資工具，例如股票、債券、現金、房地產或其他可運用資金，在一定的風險之下，以最大程度提高投資回報。

論及「Portfolio Life」時，最適用的意義就是最後一項，金融領域的「投資組合」，簡而言之，就是要體認到，不該將所有雞蛋放在同一個籃子裡，成功來自建立多元的機會組合，以滿足你當前的需求，同時**當**需求改變時（沒錯，是當，而非如果），有機會調整這個組合。投資組合人生就是建立在相同的理念上：

- 你並不局限於單一角色或機會。
- 多樣化有助於你因應變化，並減少不確定性。
- 當你的需求改變時，可以重新調整你的工作組合，也該這麼做。

愛爾蘭管理學大師查爾斯·漢迪（Charles Handy）於 1989 年出版的著作《非理性的時代》（*The Age of Unreason*）首次提出投資組合人生

概念。他對於人生狹隘的工作定義並不滿意，主張工作可以結合熱情、興趣和愛好。他的概念仍然聚焦在工作上，而我則將這個詞的定義擴展得更為廣泛，包括人際關係、社區參與、個人成長和影響力。畢竟，你的人生不僅限於經濟產出，生命烙印也遠遠超過名片上的頭銜。

　　不要誤會，投資組合人生並不是指未來，而是**當下**的工作。這方式給予我們自由去追求真正適合自己，能夠帶來滿足感的事物，讓我們有決心停下腳步，不再狂熱追求功名利祿，脫離有薪工作的框架，重新定義自己的生活。我們在一個又一個改變世界的事件中跳著踢踏舞，希望能保持頭腦清醒，❺ 這是一個寫下新故事的契機，我們可以追求當下的快樂，而不是寄託於未來，畢竟，人生只有一次。

---

❺ 請不要介意這些混合隱喻，但在這個危機重重的世界，真的就像處於水深火熱之中，我覺得就算用上各種不同的隱喻，還是無法充分表達所有人的焦慮不安。

Chapter **2**
投資組合人生的四大支柱

　　這種將工作與身分分離、接受各種選擇、透過多樣化降低風險、得到靈活彈性的模式，是任何世代的人都可以採納的，只是過去十幾二十年來獲得了更大的動力和廣泛的認同，這是因為舊模式對千禧世代來說不再可行（也不受歡迎）。面對工資停滯和有限的升遷途徑，光靠職業發展來衡量成功已經行不通了，因此，我們需要一個更全面的定義，其中包括健康、人際關係和休閒時間（沒錯！）等要素（如第 40 頁圓餅圖）。

　　擴大我們對成功的理解，可以看到投資組合人生這四大支柱的優勢：**身分**不受市場的不可預測性影響；有**選擇性**追求各種機會，無須受到傳統線性職涯的限制；**多樣化**的資源以降低個人和體制風險；以及**彈性**，能夠根據實際需求安排時間，平衡工作與生活。

　　以下讓我們詳細地探討這四大支柱。

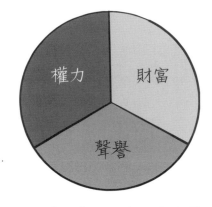 

過去我們被灌輸用這些來衡量成功　　　我們應該這麼衡量

支柱一：身分

你不等同於你的工作，我也不是。擺脫扭曲的形象，勇敢地體驗完整的生活和真實自我。

——美國經濟學家亞瑟・布魯克斯（Arthur C. Brooks）

　　從小我就一直不知道該怎麼描述自己——選擇在戲劇／音樂／數學領域之間創作的異類，不想追求單一路線。大學剛畢業時就已經很難說清楚了，而當我從商學院研究所畢業要開始創業時，覺得迫切需要找到一種方式來完整表達我是誰、我在乎什麼事，以及我想創造什麼。我剛成立一家新創公司，花很多時間參加晚宴，在黑客松（編按：創新設計合作解決難題的挑戰賽）和推廣之夜，我頂多只有六十秒的時間，在人們轉向下一位創業家之前清楚地自我介紹。

　　在試圖說明個人的經驗和興趣時，我感覺自己像是個略懂皮毛的門

外漢，而不是一個有抱負、多才多藝、多面向的人。終於，在 2011 年某一個創業投資活動的深夜，我喝了點酒、握了十幾雙手後，說了一句幽默的話：「我是『人類文氏圖』（human Venn diagram），我的生活建立在商業、科技和藝術的交集處。」

那位投資者會心一笑說道：「嗯，我喜歡這個描述，顯然你有跨學科的經驗，再跟我多說一些吧。」

哦！也許這個概念行得通！

簡單複習「文氏圖」（Venn diagram）概念：是由數學家約翰・維恩（John Venn）在十九世紀末推廣，用簡單的圖示來視覺呈現事物、人、觀念等之間的邏輯關係，被廣泛應用於機率、邏輯、統計學、電腦科學和語言學等領域，如今也很有可能在網路流行的迷因中看到。

這是我用來描述個人獨特興趣組合的文氏圖：

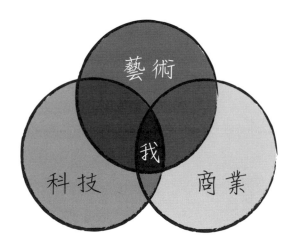

利用文氏圖來描述一個人的特性有兩方面的好處：首先，承認不同領域間存在自然的重疊──畢竟，結合了醫學和喜劇元素，就可以將一名

眼科醫生變成在 TikTok 上爆紅的名人，領域隔閡確實不存在啊。其次，文氏圖有助於視覺呈現一個人的工作怎麼跨越多個領域，同時坐落在這些興趣的自然交集處，結合成為一個有意義的整體。

在我的文氏圖中，藝術和商業的交集處是藝術管理領域，我在大都會歌劇院開啟我的職業生涯；商業和科技交集於科技新創公司領域，我從商學院畢業後的十年間專注於此；科技和藝術的交集處包括融合科技和技術指導的戲劇、歌劇、舞蹈和視覺藝術，包含我有幸參與創作、貢獻和提供建議的作品。如今，我選擇在這三個領域的交集處建立生活，尋找並創造我在各種興趣之間的合作機會，其中一些是有報酬的，而另一些則是個人計畫；一些能發揮我的專業，而另一些則是我正在學習的新技能，或我樂意投入的業餘愛好，而這一切都反映了我的自我認知。

我開始在我的 podcast、專業簡歷、演講時的開場白中廣泛使用「人類文氏圖」這個詞，也發現這引起了許多人強烈的共鳴，如我所料，我並不是唯一一個有多元興趣和專業的人，許多人對於終於找到方式來充分表達自己各個面向感到欣慰不已，不再覺得受限於簡單、單一的身分。正如作家兼未來學家艾美・韋伯（Amy Webb）在推特上說的，這種方式可以看到跨學科人才在職業生涯中展現的專注力。

Amy Webb ✔ @amywebb
以前我的老師總説我不夠專注，這張照片是我小學五年級時贏得區域科學展的模樣。當時我剛參加完一場鋼琴獨奏會，我的一篇文章也即將刊登在報紙上。我一直以來都「非常」專注。我希望大家知道我是「人類文氏圖」。

左腦和右腦的迷思

在此提出一個我們習慣將人簡化成單一面向的例子：你認為自己是「左腦思維」還是「右腦思維」的人？無論你是透過 BuzzFeed 的測驗首次接觸到這個概念，還是有老師或父母跟你說的，大多數人都有一種直覺，認為自己若不是傾向分析、依賴語言文字思考的人（左腦思維），就是具創造力、宏觀思考的人（右腦思維）。

這個理論是根據大腦功能的左右區分，也就是說，大腦包含兩個半球，各自執行特定的任務，左半球被認為主導邏輯和語言理解，而右半球則是主導視覺和空間推理。這種左腦／右腦的二分法早已眾所周知，因此常被用作將人簡易分類的方式，從分辨早期展現數學或藝術天分的幼兒，到新進職員的個性評估皆如此。

然而，就像許多流行心理學提出的「事實」一樣，這種理論並不是真的，[1] 人不可能只有左腦思維，就像不可能只有左肺或左腎一樣，人體的器官都是協同運作的！那麼，這個令人困擾又根深柢固的觀念，是從何而來的呢？這是源於對真實科學的錯誤解讀。

一九六〇年代，一位名叫麥可·葛詹尼加（Michael Gazzaniga）的博士生與著名的神經生物學家羅傑·斯佩里（Roger W. Sperry）在加州理工學院合作，對癲癇患者進行了一項研究，這些患者的胼胝體（corpus callosum，連接兩個大腦半球寬厚的神經束）被切斷，以防止癲癇發作擴散到整個大腦。在這些患者大腦兩側之間沒有神經纖維連接的情況下，科

---

❶ 是的，我指的正是威爾·弗蘭納里醫生（Dr. Will Flanary），在網路上以 Dr. Glaucomflecken 聞名。

學家們得以設計一種方式，只向大腦的一側顯示圖像。一位患者的左腦半球顯示一個正方形時，他能說出看到一個方塊，而當圖像只顯示在右腦半球時，雖然他還是能看到圖像，卻說不出那是什麼。因此，葛詹尼加推測，兩個大腦半球都參與了圖像處理，但只有左腦半球能夠清楚表達出圖像是什麼，在這名患者的例子中，如果沒有來自左腦的溝通，右腦便無法找到「方塊」這個詞語。[2]

雖然葛詹尼加的研究結果主要是證明大腦兩側需要共同合作才能執行簡單任務，但 1973 年《紐約時報》一篇名為〈我們是左腦思維還是右腦思維〉的文章，卻將該研究結果錯誤解讀成：「人類大腦存在兩種截然不同的人格特徵……其中一個是語言表達能力強、善於分析和主導，而另一個則是具有藝術天分……」。[3] 幾年後，《時代雜誌》對這則新聞進行了專題報導，隨後，《哈佛商業評論》和《今日心理學》（*Psychology Today*）等刊物也發表了相關文章，使左腦人和右腦人的神話深入我們的文化意識中。神經科學家在過去五十多年來一直試圖打破這個迷思，但令人誤解的框架仍然存在至今。

你看，人類習慣將世界清楚地分類為小群組。首先，這在認知上非常有效：一旦你將某事物歸類，就不再需要考慮個別差異。然而這種自然歸類的傾向有其局限性，這些類別通常是嚴格定義、互相排除、涵蓋全部（MECE）。❷評估和區分人最快的方法是將人簡化為單一面向：高或矮；深色頭髮、淺色頭髮或禿頭；喜歡或不喜歡香菜。如果你只是想知道該不

---

❷ 「互相排除、涵蓋全部」（mutually exclusive and collectively exhaustive，MECE）意指你分類的每個項目都只能屬於一個特定的類別。

該在派對的酪梨沙拉裡放香菜，或某人是否符合玩雲霄飛車的身高限制，這種簡單的分類方式就沒有問題，因為別人喜不喜歡香菜，或有沒有達到「遊戲身高」標準，這些微小的差異並不重要。然而，當涉及多個複雜面向時，這種簡化的分類方式就發揮不了作用了。

舉個例子來說，幾乎任何人都能告訴你，種族、族裔、性別和社會經濟身分都是交織在一起的。人口普查和大學申請表上整齊的問卷格式，對於許多人來說並不適用，因為他們的身分是由許多元素交織而成的，包括文化和民族傳承、一個或多個種族相關的外在特徵，以及在成長過程中享有或缺乏的各種資源、機會和安全網。一位在日本出生的黑人女性，父母來自不同種族，幼年時移民到美國，相較於在美國南部鄉村地區長大的黑人男性，祖先是受到奴役的非洲人，或是出生在美國西北部地區一個富裕家庭的非二元性別黑人，彼此之間的經歷、偏見和文化觀點，都會有很大的差異。把他們歸為一類，冠上「美國黑人」所有的假設和特徵，無助於你理解這個群體中任何一個人豐富的特質。

然而，雖然明白偏見對我們毫無益處，大腦還是會自動在生活各個方面採用簡單的 MECE 分類方式，我們是內向還是外向的人？是健身狂還是懶人？是嬰兒潮世代還是 X 世代、千禧世代或 Z 世代？（沒錯，我也有這種傾向，世代分類是有缺陷的，通常導致廣泛概括的觀點，這些觀點對族群整體或許大致成立，但可能不適用個人）。當然，我們也傾向將人歸入狹窄定義的職業道路或專業身分中，把一個複雜的人簡化為單一標籤，例如「工程師」、「治療師」或「圖書館員」，這在認知上確實能簡化思考，但將自己或他人局限在這些單一面向的角色中卻極具限制。

巴爾的摩烏鴉隊前進攻線球員約翰・厄舍爾（John Urschel）於 2017 年離開美式足球聯賽（NFL），並在 2022 年取得麻省理工學院的數學博

士學位，他知道將自己的身分與職業脫鉤有多麼困難，他說：「其中一件讓人難以轉換的事情是……當你有了一份工作後，很容易將自己的身分與工作混為一談，你的工作在某種程度上定義了自己在家人、朋友和其他人眼中的形象，我認為這其實限制了很多人的發展，因為他們難以想像自己超越現在的框架。」[4]

我們每個人都有許多興趣、技能和人際關係，絕不僅止於當下在 LinkedIn 上列的職稱，但有些人被建議將這些壓抑或隱藏起來，以免被別人認為在事業上顯得「不夠認真」。雖然在過去的世代可能確實如此，但我認為這些建議早已過時了，你反而應該要接納自己的人類文氏圖，這麼做會為你帶來兩個極大的好處：首先，會覺得**你更像你自己**，為個人獨特而奇妙的文氏圖感到光榮。其次，你將具備多元的人際網絡和技能組合，當**不同的領域產生交集**，或當你需要在這些領域之間靈活轉換以站穩腳步時，這些資源將會有幫助。

做一個多重身分、多面向的人，並不會產生矛盾。在提及你的身分時，請思考是「同時是」而非「或者是」。

支柱二：選擇性

亨利：做個選擇吧。

丹妮兒：我無法很快就選出天空中我最愛的星星。

——電影《灰姑娘，很久很久以前》（*Ever After*）

「你長大後想做什麼？」這種誤解始於童年時期，這個問題讓我們相信每個人未來都只有一個正確的方向，我們有責任做出明智的選擇。十八

歲時選擇大學科系，二十幾歲時接受第一份工作，似乎就該確定我們的職業生涯，一直到退休（或死亡）為止。然而，任何在職場上打滾多年的人都該知道，這種過度專一的世界觀並不符合現實。

事實上，我們在任何時候都有許多不同的道路可以選擇，即使有些路行不通，新的道路也會在每個關鍵時刻出現。有些機會似乎是一生一次，但你常常會發現有許多路徑可以創造自己想要的生活。

我偶然在 Instagram 上看到這張提姆・厄本（Tim Urban）創作的插圖，他經常在社群媒體上以 @waitbutwhy 的帳號貼文。這張插圖大大吸引了我的目光，因為這是我第一次能夠直觀地想像出，只要我們抱持開放的心態，就會有無限的可能性。

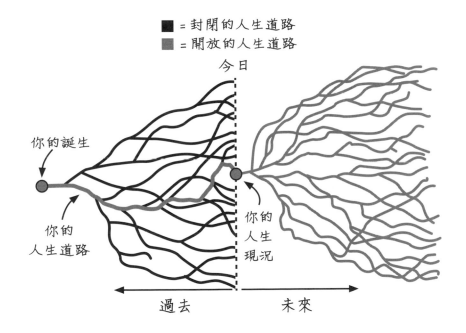

這張圖片傳達了兩個重要的訊息：首先，在任何關鍵時刻，只要你開闊視野看到可能性，就有許多可供選擇的道路；其次，與其回頭看，惋惜自己沒有選擇的路，不如向前看，期待即將到來的各種機會。第一支柱是身分，提醒我們不僅只有一個角色；而第二支柱則是選擇性，揭示我們不止一條道路可以選擇。

案例研究：星星的力量

　　關於選擇性支柱，艾瑪瓦·席爾茲博士（Dr. Aomawa Shields）是我最喜歡舉的實例之一。她在小時候就熱愛表演，也很喜歡星星天文，上高中時，她毫不猶豫地投入這兩種興趣，不但參與《鋼木蘭》（Steel Magnolias）的戲劇演出，也在天文觀測站擔任監測員。到了大學和研究所，她選擇主修天文學專業之後，她覺得有必要減少自己的戲劇抱負，才能讓人認真看待。她刻意割捨了生活中這麼重要的一部分，在短時間內發揮了作用，但最終失效了。在攻讀博士學位的第一年，她發現自己成績下滑，對科學的興趣也在減退。她知道該有所改變了，於是決定退學前往洛杉磯，專注於演藝事業發展。

　　在加州大學洛杉磯分校攻讀藝術碩士學位期間，她發現自己需要暫時減少大腦理性的那塊，重新啟動感性的部分，「我必須關閉我的大腦，打開我的心。」她告訴我。然而，即使她在演藝方面表現出色，她並沒有完全失去對科學的熱情，她表示：「我想念那些試圖深入探索宇宙的社群，我不想跟別人一樣只能從新聞中得知天文訊息，我想成為那些新發現的一部分。」

　　因此，在從事職業演員的同時，她在加州理工學院找到一份協助

維護史匹哲太空望遠鏡（Spitzer Space Telescope）的工作。後來，她又得到一份令人振奮的新工作，成為 PBS 和《連線雜誌》（*Wired*）製作的《連線科學》（*Wired Science*）電視節目主持人。她熱愛這份工作，不禁思考是否該回歸她在天文學方面的專業，她回憶到：「我和尼爾‧德格拉斯‧泰森（Neil deGrasse Tyson）取得聯繫，他在看過節目的試播集後表示：『你知道，如果沒有博士學位，你只不過是又一個想在電視上露臉的普通人。博士學位會為你帶來社會認可。』」同時，她一時興起申請 NASA 的太空人招募計畫：「我接受了雷射眼科手術，但我只不過勉強符合資格，因為我沒有博士學位，所有的跡象都在告訴我應該回去完成學業。」

　　從第一個研究所課程休學十六年後，她從華盛頓大學取得天文學和天體生物學博士學位，如今是加州大學爾灣分校物理與天文學系的天文學家、天體生物學家和副教授。除了在系外行星領域（exoplanets，意指存在於太陽系以外的行星）豐富的研究之外，同時也以 TED 研究員身分致力於科學傳播工作，並撰寫回憶錄《跨越星空的人生》（*Life on Other Planets*，暫譯），也創辦「星際少女崛起計畫」（Rising Stargirls），旨在結合科學、戲劇和創意寫作，激勵中學女生探索宇宙。

　　正如本書第 1 章介紹的軟體工程師兼小說家賈伊‧查克拉巴蒂一樣，艾瑪瓦也接受了想要改變的渴望，踏上意想不到的演藝之路（然後又重回天文學領域）。她並沒有深陷「為時已晚」的思維中，而是在正確的時間選擇正確的人生道路，想辦法融合自己的多種興趣，活出她自己想要的生活。

用新眼光看世界永遠不晚

　　一般人普遍認為演藝界和學術界是年輕人的舞台。在好萊塢，年紀通常被視為是劣勢（尤其是對女性而言），可能會促使有抱負的藝術家在資源最少、安全網最薄弱的情況下，全力投身於一個高度風險的職業。同樣的，越來越多證據顯示，學術界的招聘委員會對年長候選人有偏見，[5]導致許多有抱負的研究人員和教授都是從大學開始，一路攻讀到為期多年的博士課程，沒有停下來追求其他工作或生活經歷。然而，艾瑪瓦的故事展示了她的非線性職涯為她在演戲和天文學領域帶來優勢，給予她完全不同的世界觀。

　　美國文化崇尚年輕已經不是什麼祕密。排行榜盛行宣揚「三十位三十歲以下優秀人才」，招聘廣告明目張膽（其實完全違法）地尋找「年輕又有幹勁的人」，各種產品宣傳「抗老化」，我們經常聽到人說總有一天我們會因為年紀漸長而失去機會。因此，一直有這種說法，想成功就要早點選定目標，開始行動，在到達「有效期限」之前，盡可能取得成就，任何可能分散注意力的事通常會被認為是在虛度光陰。

　　然而，研究一再地證明，年紀和經驗可能是促成新構想、快速成長的事業和卓越創意成就的催化劑。儘管二十出頭的科技新創公司創辦人受到極大的崇拜，麻省理工學院教授皮耶・阿祖萊（Pierre Azoulay）及其同事研究發現，成功、高成長企業創辦人的平均年齡為四十五歲。[6]阿祖萊告訴《彭博新聞社》：「極具天賦的人在年輕時就能闖出一番大事業，但並不代表他們年長之後就無法有更好的表現。」[7]同樣的，荷蘭經濟學家菲利普・漢斯・弗朗西斯（Philip Hans Franses）研究 90 位諾貝爾文學獎得主、100 位最受歡迎的古典作曲家、以及 221 位創作出曠世鉅作的藝術家，發現這些傑出人士在創造出最佳作品之前，平均已經度過了三分之二

的人生。[8]

　　那麼，提到年紀和成就時，又該如何協調觀點與現實之間的差異呢？加拿大記者兼作家麥爾坎・葛拉威爾（Malcolm Gladwell）在《紐約客》的一篇文章中，給了很好的總結：「在大眾觀念中，天才與早熟密切相關──我們往往認為，要做出真正有創意的事，需要年輕人的活力、熱情和能量。」然而，這正是選擇性賦予投資組合人生者的優勢：**新觀點不僅可能來自年輕人，也可能來自進入一個新的領域，這與年齡無關，更重要的是透過不同的角度來探索世界，尋找別人未曾發現的連結。**或者，正如法國小說家普魯斯特（Proust）經常被引用的名言：「**真正的探索之旅不在於尋找新的風景，而在於用新的眼光看待世界。**」[9]

　　二十一世紀初，商學院教授傑佛瑞・戴爾（Jeffrey Dyer）、哈爾・格雷格森（Hal Gregerson）和克雷頓・克里斯汀生（Clayton Christensen）展開一項為期六年的研究，旨在揭示創造力的起源，特別是在創新公司中。他們研究二十五位創新企業家的習慣，並訪查三千多名高階主管和五百名創業者或產品發明者，[10] 找出區分商業領域創意人士的五種「探索技能」：聯想、提問、觀察、實驗和建立人脈，其中的核心「主幹」技能是聯想，就像 DNA 雙螺旋結構一樣，支撐其他四種技能的發揮。

　　「聯想，也就是成功地將看似無關的問題、麻煩，或來自不同領域的想法連結起來的能力，這是創新者的核心 DNA。」他們在 2009 年發表於《哈佛商業評論》的文章中寫道。他們採訪的企業家佛朗斯・強納森（Frans Johansson）將之稱為「梅迪奇效應」（Medici effect），指的是十五世紀佛羅倫斯的梅迪奇家族召集了藝術家、詩人、哲學家、建築師、科學家等各個領域的人士相互交流合作，因而推動了文藝復興的創意爆發。「我們的經驗和知識越豐富多樣，大腦就越能建立更多聯繫，」這些

教授在文中寫道，「新的刺激觸發新的聯想，對某些人來說，這些聯想帶來了新奇的想法。正如賈伯斯經常觀察到的，『創造力就是將事物連結起來的能力。』」[11] 因此，支柱二選擇性不僅對個人有益，突顯了自己可追求的眾多路徑，同時也對社會有利，讓投資組合人生者能用全新視角評估現狀，推動創造力和創新發展。

支柱三：多樣化

智者會未雨綢繆，不會把所有雞蛋都放在同一個籃子裡。
——西班牙小說家米格爾・德・塞凡提斯（Miguel de Cervantes）

讓我們先把話挑明了：**只從事一份工作可能是你這輩子最冒險的職涯選擇**。是的，你沒聽錯。傳統建議該在穩定的公司找一份有福利的全職工作，這代表你的收入、醫療保健和退休金都寄託在領導者手中，他們或許也不一定知道該如何引領公司走向不可預測的未來。當他們決定更「靈活地」進行「改組」時，你可能會驚訝地發現自己是公司的負擔而不是資產。「傳統就業可能比自由業者更具風險，」查爾斯・漢迪在《非理性的時代》中指出，「即使對於金融界的高手們也是如此，因為他們可能在十分鐘內收到解雇通知，甚至不得返回辦公桌收拾東西。高薪或優渥的工資既不能保證安全，也不能保證自由。」[12]

根據 2019 年哈里斯民意調查（Harris Poll），超過 40% 的美國成年人曾經被解雇過，將近 50% 的人患有失業焦慮症。[13] 阿里夫・傑薩博士（Dr. Arif Jetha）告訴 Medium 網路平台 GEN 雜誌的讀者（該雜誌現已停刊）：「2008 年的經濟蕭條是改變的關鍵點，從那時起，年輕人的工

作經歷充滿不穩定性，尤其是千禧世代的人。」[14] 他是職業與健康研究中心（Institute for Work & Health）的科學家，主要關注年輕人和弱勢工作者，對於那些正好在經濟衰退時期畢業的人來說，這造成了長期的傷害。

有鑑於這種雙重壓力：缺乏能讓我們發揮長才的工作機會、擔心隨時可能會丟掉飯碗，顯然我們需要能因應這種不確定性的方法，那就是：多樣化。

用多樣化降低風險

在我攻讀 MBA 時，最大的「頓悟」時刻，就是當我學到我們其實可以量化特定資產的風險程度的時候。❸ 金融分析師會觀察一項資產價值（如股票）相對於整體市場的變動程度，他們稱之為變異數貝塔值（variance beta），這是衡量波動性或系統風險的一種方式。當一項資產與市場走勢相符（亦即當整體市場上漲，該資產跟著上漲；當市場下跌，資產也跟著下跌時），貝塔值為正；與市場走勢相反時，則貝塔值為負。要建立平衡的投資組合，你或許可以選擇具有負相關貝塔值的資產來抵消風險。

這個概念若用通俗易懂的語言解釋，是什麼意思呢？舉個例子來說：假設你為自己的小型園藝業務購買了一些設備，你預先支付了大筆資金，期望過一陣子之後，能夠透過收入來償還一開始的這筆投資（也希望獲得

---

❸ 經濟學領域有一整個學門專門介紹投資組合理論和均值變異分析，若你有興趣深入了解，建議可先拜讀享利・馬科維茨（Harry Markowitz）1952 年發表於《金融學期刊》（*Journal of Finance*）的「投資組合選擇」（Portfolio Selection）（這篇論文在四十年後為他贏得了諾貝爾獎）。

更多利潤），但是，萬一設備損壞或被盜怎麼辦呢？為了降低這種風險，你還投資了一份保單，在一切順利、設備狀況良好的時候，你透過提供專業園藝服務賺錢，而你支付的保險費用則沒有得到回報。在狀況不佳或設備發生問題時，你的營業收入就會減少，但會有保險給付彌補你的損失。由於收入和保險支付發生在相反的情況下，因此兩者是相互平衡的，無論發生哪種情況，你都有保障。

投資組合人生可以在收入來源、行業波動、情緒起伏和個人成就感等方面，提供類似的多角化模式。建立投資組合可能意味著將某個愛好轉化成升遷或轉換職涯的機會，也可能代表在照顧家庭的同時，開發新的技能，並透過志工服務與社區互動（本書在第二部將介紹投資組合人生三種常見的商業模式）。此外，當整個產業或職能受到環境因素的影響時，你會更有辦法因應這種干擾並度過難關。

有一小段時期，受到疫情影響，美國雇主面臨嚴重的勞力短缺，員工在談判職位、薪資和工作條件方面佔有優勢。然而，到了 2022 年底，情勢再度改變，雇主開始重新獲得主導地位。你待在一個職位、一家公司或某個行業中的時間越久，面臨的風險就越大。因此，保護你未來職業生涯最好的辦法就是多樣化，好處不僅在於建立多種收入來源（雖然這總是有所幫助），也包括讓你的人脈、技能和產業經驗多樣化，反而可以幫助你降低人生風險。讓我們來看看該如何實現這一點。

極端的投資組合者

在新創企業界，我最喜歡的顧客研究技術之一是「極端用戶研究」（extreme user research）。在試圖了解一個新的問題或行為時，產品設計師和研究人員會去和該需求或行為最極端的群體溝通。有一些設計師將這

些用戶稱為「能夠毀了你的產品，或使其無懈可擊的人」，[15] 因為他們可以幫助你發現未滿足的需求、找出解決方案或變通辦法。例如，我曾與一家專門生產永續服裝的公司合作，團隊人員透過與艾美許家庭（Amish，編按：基督教門諾教派的一支，信奉簡樸生活，不使用現代科技）溝通，進行極端用戶研究，因為艾美許人向來都是自己製作和修補衣物，延長衣物使用壽命，並且適合多位穿衣者。

那麼，投資組合人生的極端族群是指哪些人呢？哪些人不僅不想靠一份全職工作來滿足自己所有的專業需求，也不可能這麼做，他們必須追求各種事業活動，才能確保兼顧收入、保險、彈性和成就感？

答案正是藝術家。

從演員到舞者，從小說家到雕塑家，從音樂家到電影製片，這些創作者長期以來一直依靠不同的作品維持生活，這些行業都是以專案為主，而非固定的長期就業。這些專案多半很主觀，這代表他們自己無法完全掌控結果；❹ 每個專案在一開始可能沒有明確的時間長度或規模；可能也只涉及藝術家部分的技能或創作興趣。因此，他們不僅有必要、也希望能透過多樣化的努力來減少任何專案帶來的風險或不確定性。正因如此，在本書列舉的許多案例研究中，都會看到一些人將創意追求做為投資組合的一部分，在定義上，他們早期就必須採用這種商業模式，可以為我們提供線索，如何在自己的人生中成功地做到這一點，而這些概念適用於每個人，即使你不是「創意型」的人。

---

❹ 你曾經參加過有數十名表演者的長相和聲音與你完全相似的公開試鏡嗎？

案例研究：熬過疫情

在擔任百老匯演員近十五年後，卡拉‧斯蒂克勒（Carla Stickler）渴望有所改變。她熱愛表演和唱歌，很享受在全國各地巡迴、豪華郵輪上領銜表演、還有在百老匯的演出經歷。如今她已年近四十，無法再從這個行業中得到滿足，她還想要穩定的醫療保險、新的知識挑戰，還有晚上和週末有時間能和朋友相聚，此外她也已經準備好和長期交往的對象共組家庭。因此，除了在百老匯音樂劇《魔法壞女巫》（Wicked）中擔任替補演員，和在私人工作室提供發音培訓課程，❺她同時也完成了在 Flatiron School 程式編碼訓練營的課程，學習程式編碼使她再度充滿活力，從中找回失落的創造力。「突然間，我創造出一個全新的東西，臉上洋溢著驕傲的笑容，到處向朋友展示說：『你瞧，這是我剛創造出來的成品！』」卡拉承認，她並沒有打算完全放棄表演和唱歌，但她正在培養技能和人脈，為那一天做好準備。

當新冠疫情迫使她的新劇在第一場演出之後就被取消，卡拉意識到該是改變職涯的時候了。在百老匯劇院界的朋友和同事面臨長達一年以上的失業時，❻卡拉在一家科技公司找到一份工作，負責與開發新技術平台的工程師、產品經理和平台用戶之間的溝通協調。她能夠結合本身軟體工程師的技能，和身為演員和發音老師的出色溝通能力，跳脫舒適圈，在一個截然不同的世界中脫穎而出。

建立投資組合人生代表你得坐上駕駛座，駕馭生活中意料之外的曲折，而不是踏上由別人建立起可預測的職涯階梯（任由別人拆除、移動，或是萬一有太多競爭者的話，被迫等待輪到你升遷的機會）。這就好比是

做自己人生的執行長。沒錯，相較於遵循傳統道路，這個角色需要承擔更多責任和積極主動的管理，但也賦予你更多的自主權、知名度，和有意識地去創造你想要的生活。

要注意的是：投資組合人生並不是指做個「工作狂」**❼**。如果你已經感到職業倦怠了，一想到要再做更多事，可能會令你心生畏懼。相信我，這並不是要美化勤奮工作。成功的投資組合人生，代表**為自己優先在意的事保留時間**，將所有不要緊的事暫時擱置，深知當自身需求或資源發生變化時，總是可以重新調整優先順序，這是為了建立一種既充實又可持續的生活方式。本書將在第三部深入探討如何平衡這些變動要素，但現在你只需記住，花時間休息和經營人際關係是多樣化策略的關鍵要素之一。

我也必須承認，打造多種收入來源和經驗組合的人，和那些為了維持生計而不得不兼顧多份工作的人，兩者在環境和選擇上存在重大差異。造成知識分子就業不穩定的經濟因素，同樣也破壞了工人階級的安全和穩定性。無論是時薪制輪班工作的不可預測性、兒童托育資源日益匱乏，還是自 2009 年以來就一直停滯不前可笑的最低工資，許多人不得不拼湊多種收入來源，只為了求生存。雖然這種作法確實打造生活的多樣性，但我不想假裝他們該把自己努力求生存的現實美化成為光鮮的仙履奇緣故事。

---

❺ 對許多演員、歌手和音樂家來說，在表演之餘提供私人訓練課程是典型的投資組合方式。

❻ 餐飲業通常也正是演員和表演者在業餘時打工，做服務生或調酒師賺取額外收入的地方。

❼ 「工作狂」（hustle porn）是對長時間工作的過度崇拜以及美化工作狂的現象，常常伴隨著「努力工作，追求成功」之類的口頭禪。

在美國 93% 的郡縣裡，最低工資全職工作都無法支付最基本的住房成本，[16] 你不得不承認美國的資本主義已經辜負了勞工階級。因此，如果可能的話，不妨考慮撥出一些時間和精力來對抗這些體制，或是捐獻資金和才能給致力於縮小鴻溝的組織。在我們改變導致這種處境的體制之前，所有人的生計都面臨風險。

支柱四：彈性

寧曲勿折。

——摘自網路上的古老諺語

在我大學畢業後剛搬到紐約時，我決心要充分利用身處在美國表演藝術中心的機會。雖然我不太擅長跳舞，但我勇敢地參加了喬夫瑞芭蕾舞學校（Joffrey Ballet School）、百老匯舞蹈中心（Broadway Dance Center）和艾文・艾利美國舞蹈劇院（Alvin Ailey American Dance Theater）的課程，與有抱負的專業藝術家一同學習。對我來說，這些課程既是鍛鍊又是創造力的殿堂，也是一次又一次謙卑的磨練。

有一天，在艾文・艾利美國舞蹈劇院的霍頓技巧課上，老師上課到一半突然停下來，開始講述身段靈活和力量之間的關係，他說：「**力量**給我們帶來穩定性，確保我們扎穩根基，可以支撐身體在運動時不受傷害，而**彈性**則賦予我們運動能力，使我們能夠對刺激做出反應，適應新的環境。身為一名舞者，你必須兼具力量和彈性才能生存。」同理，任何人都必須兼具這兩者才能生存下去。

投資組合人生的前三個支柱聯合起來給予我們力量，在不斷變化的

環境中提供穩定感。第四個支柱是彈性，使我們能夠適應並因應工作和生活中衝突的需求。在人們需要承擔工作之外突如其來的重大責任，或者為了因應現實生活而不得不做出重大改變時，彈性支柱在此刻就發揮了最大的作用。

這是新手父母最常面臨的轉折點，稍後你就會看到。就像需要照顧年邁父母、人生伴侶因工作需求得移居異地、親密的朋友或家人經歷緊急情況、或其他生活中遇到的突發事件也是一樣。還有可能出現其他的狀況，例如當你面臨職業倦怠需要休長假、當你想為陷入危機的社區出一份力，或者當你的價值觀或優先事項突然轉變時，正是在這些時刻，投資組合的彈性才能真正發揮作用，讓你能夠重新調整承諾，重新平衡有薪工作、無薪工作、興趣、家庭責任和社區的權重，以**適應新的情況**。

當我在 2019 年懷上第一個孩子時，我知道我需要做出一些重大的改變。那時，我已經在不同行業和商業模式的新創公司擔任創辦人或高階主管近十年，期間唯一不變的特點就是不間斷的工作。我經常每週工作七十到八十個小時，連睡覺時手機也是放在身邊，全天候查看 Slack，在人生的重要時刻（包括在祖母的葬禮和我蜜月旅行時）還會回覆電子郵件。有時這些選擇是出於恐懼，受制於公司領導者建立的隨時待命的工作文化。但大多時候，這些選擇是基於我自己的優先考量：我正在創造一些尚未存在的東西，而這個過程並不僅限於週一至週五的上午九點到下午六點之間。但話說回來，只要我對日程安排有一定的了解和掌握，我並不介意辛勤工作，我可以將其他我在乎的事情，像是我的 podcast、寫作、參加合唱團、指導、旅行、運動和朋友等，安排在我全職工作的空檔時間內。

但當我和丈夫開始討論現實的育兒問題時，我意識到為了成為理想的父母，我必須大幅調整我的投資組合。我的優先事項正在改變，我不想

在哺乳的同時還要長途飛行，更不想錯過多數晚上孩子的洗澡時間，而我們身邊也沒有一大群親朋好友可以提供額外的幫助或應急照顧。因此，在我懷孕大部分的期間，花了很多時間研究職位和專業機會，以尋找更適合我人生下一章節的選擇（時機正巧：在我產假快結束時，我們公司進行了一輪裁員，我不確定是否能回到原來的工作崗位）。2020 年 1 月，我辭去了全職工作，增加了寫作、自由諮詢和收費演講的任務，以便有時間思索未來的人生方向。

2013 年，我第一家新創公司關閉之後，我在哈佛商學院的創業學教授（也是該公司的天使投資人）湯姆·艾森曼（Tom Eisenmann）問我和我的共同創辦人是否同意讓他撰寫一份有關我們失敗的案例研究。[8] 那個案例研究發展出自己的生命力，為我與哈佛商學院創造了更深入合作的可能性。由於該案例每年傳授給九百名一年級 MBA 學生，還傳遍了其他大學和商學院，使我有機會在十幾所大學進行客座講座。因此，針對我身為人母之後的下一步職涯發展，我再次尋求湯姆的意見，他建議我加入哈佛商學院的教職，教授創業和行銷。

我已經有了自己的投資組合，隨時可以重新平衡，提供我所需的彈性，讓我能夠兼顧家庭：我將自己的志願教學和指導工作升級，成為哈佛大學的全職資深講師。同時，我將自己在新創公司和企業創新方面的工作，從執行職位轉變為顧問，並偶爾擔任領導力培訓或公司外部活動特邀的演講嘉賓。因此，我有了難能可貴的機會可以在家工作，當孩子生病或

---

[8] 我自己是學生的時候也曾經抱怨過，大多數新創公司都是以失敗收場，而創業課程中卻沒有研究過任何失敗案例，因此我覺得有責任點頭同意。

保姆臨時有事時，我可以重新安排我的工作，也能完全掌握我的出差行程，而幫小孩洗澡仍然是我每天的重頭戲之一。

我將自己投資組合中的其他項目暫時擱置一邊，以便為家庭新生活階段創造彈性：我決定在第三季之後結束我的 podcast；我現在沒有時間和精力參與劇場演出或撰寫個人文章；也暫時擱置了合唱團的活動。但這些我生命中重要的選項並未完全消失，只是暫時潛伏，偶爾攪動，等著有朝一日復出。

保持彈性可兼顧工作與生活

像我在學術界這種靈活的全職角色確實是稀有的，只有少數幸運人士才有這種機會。對於許多剛開始建立家庭的女性來說，現實情況會迫使她們完全放棄有薪工作。我們都看過相關的統計數據，女性無法找到彈性方式配合自己工作之餘的時間需求，因而被迫退出就業市場，變成無償的家庭主婦。

在疫情爆發之前，根據全國婦女與家庭夥伴關係組織（National Partnership for Women & Families）的數據顯示，這對美國經濟每年造成了 6,500 億美元的損失，[17] 而在 COVID-19 危機期間，女性退出勞動力市場造成的影響額外增加了 970 億美元。在某些情況下，有些女性確實更願意選擇放棄有薪工作，全心全意照顧家庭。但對許多女性來說，這是一種犧牲，只因為雇主不相信旗下優秀的女性員工也有能力兼顧現實生活。

這就是投資組合可以發揮最大作用的地方，那些將本身職業視為單一工作或專業道路的人，在這種時刻只得面臨「工作」或「辭職」兩種選擇，而那些擁有多種技能、興趣和人脈的人，則可以打造一系列活動的組

合，並在必要時重新調整或重新出發。全職生涯可以轉型為自由業；興趣愛好可以發展成為小型事業；專業認證可以成為有意義的志願工作，讓你持續參與該領域；重大的挫折阻力可能會激發對創新企業的靈感。只要你讓自己的身分超越工作頭銜，善於利用你的選擇權和多樣性，你將能夠在必要時靈活變通。

案例研究：一個愛好、些許毅力，和大量的好運

不僅僅是藝術家、子女年幼的家長和需要兼顧年邁父母的「三明治世代」受到影響，還有另一種需要靈活變通的「極端族群」：伴侶需要經常搬遷、對移居地幾乎無法掌控的人。軍人配偶、未取得終身教職的學者伴侶、另一半是在國際領域工作的領導者，這些人通常都會因為另一半的工作需求而難以建立個人的職涯動力和安全感。

約瑟夫・索洛斯基（Joseph Solosky）在妻子被派駐到德國時，親身經歷了這種情況。他對軍事生活並不陌生，畢業於美國海軍學院，也擔任過一年海軍軍官。然而，一次背部受傷意外，迫使他不得不急著思考接下來該怎麼做。由於一生熱愛棒球[9]（尤其是紐約洋基隊），促使他跳上飛機前往佛羅里達州觀看球隊春訓，他決定大膽一試，告訴其中一位球隊高層（他事先在 Google 上搜尋過），自己有多麼渴望為他們工作。這位高層打量著一身白色海軍服、在坦帕的陽光下大

---

[9] 約瑟夫很快注意到自己不是個出色的棒球選手，但他的祖父熱愛洋基隊，這是他們之間重要的情感聯繫。

汗淋漓的他，問他是否能當晚就開始工作，他答應了。

在接下來的一年裡，他完成了夢寐以求的實習機會，但很快地感受到現實，他開始想念公共服務，因此實習結束之後他回到華盛頓特區，決心在 FBI 找一份工作。他的履歷很薄弱，只有在海軍服役八個月和在洋基隊待了一年的經歷，所以他開始在 FBI 總部胡佛大樓附近的餐廳當服務生。當一位海軍學院的校友，也是 FBI 的資訊長，注意到了他的校友戒指而開始交談，這個賭注終於得到了回報。幾週後，他開始在 FBI 擔任分析師。不久，他愛上了一位法律系學生，她到特區探望姐姐。

接下來的三年，約瑟夫和他的女友維持著遠距戀情。他一直在 FBI 工作，逐步晉升成為合格的 FBI 特工，而她則在肯塔基州完成了法學院的學業，並被委任到美國陸軍軍法署（JAG Corps）。兩人訂婚之後，決定不再遠距，彼此同意，誰能透過最後的選拔程序先獲得任務分派，就由此決定他們的落腳處。因此，當她被派駐到德國時，他跟隨她到國外，這代表他必須放棄 FBI 工作，重新開始他的職業生涯。

他在陸軍基地申請了任何可能的工作機會，甚至包括郵局和 Subway 等各種不同的職位，卻都沒有得到任何回音，於是他重拾對棒球的熱愛，開始（免費）為一個體育科技部落格撰寫文章。四個月後，憑著一系列作品，他申請了歐洲體育博彩公司的工作。他其實對體育博彩一無所知，但是博彩公司的執行長納悶這位來自 FBI 的美國海軍學院畢業生不知何故想在德國從事體育博彩工作，執行長願意冒險賭一把。約瑟夫得以藉此學習銷售和客戶管理，這也是他首次接觸走在時代尖端的歐洲體育博彩行業，當時在美國仍然是非法的。

三年後，他妻子的任期即將結束，他們準備返回美國時，約瑟

夫遇到一次幸運的機會：體育博彩在美國即將合法化，他不必重新開始找工作，歐洲公司要求他留下來協助建立美國業務。憑著在這個領域三年的經驗，他相對來說成了一名專家。他留下來多待了三年。後來，他渴望從行業的技術平台轉向聯盟方，而他和妻子也準備生兒育女，因此在妻子完成陸軍服務之後，約瑟夫於 2020 年聖誕節前夕給 NASCAR 的數位業務總監發送了 LinkedIn 訊息，告訴他自己很樂意為這家指標性的公司主導體育博彩業務。2021 年春天，他們搬到北卡羅來納州的夏洛特，他開始在 NASCAR 工作，夏天，他們迎來了第一個孩子。

約瑟夫從未預料到自己的愛好會成為職業生涯的重要部分。原本一直打算擔任公職，然而，當計畫面臨中斷，需要移居以支持妻子的事業時，他必須發揮創意，看看自己的文氏圖中還有什麼可供利用的資源，最終為他和家庭提供了所需的彈性，幫助他在適當的時機、正確的地點，從頭開始推動新事業的發展。

我在強調彈性對個人的好處時，也想趁此機會向可能閱讀本書的雇主和招聘經理直接提出呼籲：該是時候接受一個更廣泛的經驗定義，基於能力而非資歷進行人才招聘。忽略履歷中的空窗期，不要在意看似毫不相干且缺乏實質動力的職務，而是同時評估個人實際經歷與有薪工作。有著豐富投資組合人生的人，將會帶來一系列的技能、專業知識和判斷力，這些都是無法透過自動化招聘系統捕捉到的，你有責任去挖掘和評估這些才能和經驗。

企業越是堅持將工作定義為「全力以赴」或「一無所有」兩個僵化

的選項，員工在現實生活中遇到困難時，就越有可能選擇離職。然而，那些能夠看到投資組合的好處，並鼓勵有意義的兼職或遠距工作，使員工得以兼顧私人要務和副業的公司，將占有吸引和留住卓越人才的優勢。

投資組合人生的興起可能源於必然性，是對前幾世代人合理依賴的經濟模式持續出現問題的一種創造性回應。然而，這個新興趨勢的美好之處在於它帶來的自由，使我們的身分**不再受限**於職業（或更糟的是，一份特定工作），打破單一職業道路的神話，揭示我們在任何時刻都能有諸多選擇。透過多樣化降低我們的收入風險，並且提供彈性，使我們得以保護自己的優先要務和因應生活的變化。雖然我對如今走到這一步的情況感到沮喪，但我衷心感激享有建立這樣的人生的自由。

至此，我相信你已經迫不及待想要開始建立自己的投資組合了，但是，在我們繼續深入之前，有一個重大的議題需要討論：要建立成功的投資組合人生，你必須要能坦然接受失敗，容我解釋一下原因。

Chapter 3
警告：可能會失敗

努力過，失敗了，沒關係，繼續努力，再次失敗，在失敗中精益求精。
——愛爾蘭文學家塞繆爾·貝克特（Samuel Beckett），
《向著更糟去啊》（Worstward Ho）

　　典型的成功路線圖是一條往右上方延伸的直線，然而，正如我們在第 2 章所見，生活並不是線性的，事實上可能充滿蜿蜒曲折的變化，但我向你保證這是一件好事。

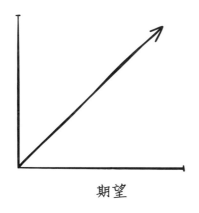

期望

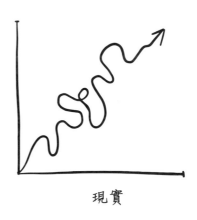

現實

如果你正在打造投資組合人生，在這彎曲變化的過程中也會包含一些失敗。為什麼呢？因為投資組合的基本前提是，有些事情可能不會成功，但成功的部分將會抵消損失。不管怎麼說，失敗！先讓你沉澱一下。這滋味很不好受，對吧？我知道，真的，我了解你的感受。

　　我曾是追求卓越表現的「A 型人格」，不曾經歷過任何失敗，直到我第一家新創公司 Quincy Apparel 倒閉的那一天。我的共同創辦人艾利克斯・納爾遜（Alex Nelson）和我都是二十出頭、剛從哈佛商學院畢業、聰明熱情的社會新鮮人，正處於紐約科技界蓬勃發展的創投電子商務的浪潮中。我們籌集了約一百萬美元的天使投資和創業投資，緊隨 Bonobos、Rent the Runway 和 Warby Parker 等公司之後，舉行盛大、引人矚目的公司開幕活動。我們致力於為職業女性打造一個品牌，提供真正合身又好看的工作服（在當時是一個大膽的價值主張），我們的業務針對女裝設計和生產流程進行一些相當創新的改變。❶做為時尚界的外行人，我們自認可以在老手認為的「本來就是這樣」中看到改進的機會，並認為只要聘請一支優秀的團隊，就可以彌補本身專業知識的不足。然而，我們提倡的具體產品和營運創新，比預期的更複雜、成本更高，使我們在完善商業模式之前，❷就耗盡了資金（run out of runway）。❸

　　於我而言，那是一個虛心受教的時刻，我失敗了，不僅讓員工失去

---

❶ 我們認為胸部是重要的，設計了兼顧胸圍和身高的合適尺碼。這的確是個革命性的舉措，但同時也非常難以執行。

❷ 當然，還有一些戲劇性情節，但如果你想聽聽這個故事，得先請我喝一杯。

❸ Runway 是創業術語，意指「資金」，讓你有更多運作發展的時間。

了工作，科技媒體還洋洋得意地宣揚著我們的失敗，我也不得不正視自己的不足和許多需要學習的地方。然而，這是我職業生涯中的一個關鍵時刻，因為未來的雇主和商業夥伴不僅對我沒有成見，反而認為這些失敗的經歷是寶貴資產，他們不問我「做了什麼事而導致失敗？」，而是問我「學到了什麼？」和「在什麼條件下會再試一次？」。當我獲得設立創業學院（Startup Institute）紐約分校的機會時，董事會認為我的創業旅程——包括我的失敗——是相當重要的資歷，而不是一個缺點。

難怪我們會害怕失敗

大多數千禧世代被教育要避免失敗，雖然不見得是多數父母有意的策略，但卻是反覆聽到類似訊息造成的結果，「你可以成就任何事！」這類的勵志口號，被內化成「如果你不夠出色，那就是你的錯」，而過度保護的家庭教養方式也使人相信，即使是很小的錯誤，也會對未來造成嚴重的影響。雖然外界嘲笑我們這世代執著於追求獎賞，但我們要指出的是，正是父母堅持要求並頒發這些獎賞。這傳達了一個明確的訊息：即使在體育比賽中，按照定義，總是有贏家和輸家，無論如何都要避免空手而回的結局。

因此，我們「在生活中往往沒有經歷過太多失敗，就進入了高等教育，面臨挫折或失敗的風險時，通常不知道該如何應對」。[1]畢業之後，又正好碰上經濟大蕭條，才發現即使學業表現優異，也無法確保我們能在職場上立足，獲得穩定的工作和可靠的收入，足以維持生計又能規畫未來。再加上社群媒體的興起，我們看到的都是別人的成功，每年都為自己沒能進入《富比士》「三十位三十歲以下」的名單感到羞愧。隨著我們步

入三十歲，還是沒有改變世界（事實上，反而可能正面臨第一次的人生危機），焦慮感只會不斷增加。

當然，創業並不是唯一的出路，但卻能衡量世代風險概況的變化。根據 2013 年聯準會的消費者財務狀況調查，在 1989 年至 2013 年間，三十歲以下擁有私營企業的人口比例，從 10.6% 下降至 3.6%，創二十四年來的新低。而巴布森學院（Babson College）2015 年的一項調查發現，二十五至三十四歲年輕人當中，41% 的人表示「害怕失敗」是他們開展事業的最大阻礙。

針對優秀的年輕運動員[2]和被認定「有天賦和才華」的學生[3]進行的研究，都顯示了同樣的結果：對失敗的恐懼會導致「焦慮、缺乏自制力、自尊心不穩定、悲觀和自我設限」。[4]總體而言，這可能使人不願意參加對成功沒把握的活動，就像是說，「如果我不確定自己在這方面很出色，我甚至不會去嘗試」。❹

失敗往往是你無法掌握的

然而，可怕的真相是：雖然你可以選擇平穩、明確的道路來盡力避免失敗，還是有太多你無法掌握的變數能讓你陷入困境。例如，你可能因為表現不佳而被解雇，丟了這個「鐵飯碗」，也可能因為公司在華爾街投資者的壓力下得削減成本，或經濟不景氣，或公司內鬥使你成為了犧牲品，

---

❹ 我大學時在微分幾何學這門課拿到 B-，甚至想要放棄數學主修。我了解被社會灌輸無論如何都要追求成功是什麼滋味（謝天謝地，我的導師拒絕在申請表上簽名）。

也可能是因為你有重大的健康問題需要特殊安排，還是需要彈性時間照顧年邁的父母，或是受到其他許多外力因素的影響。

同樣的，你可能決定創業，但全球疫情爆發打亂了全球供應鏈，破壞了你的成本結構，使你的商業模式還沒有機會成功就先崩潰了。或者你可能存了一筆錢做為頭期款，想要「負起責任」，為成長中的家庭購買房屋，卻在房市崩盤之前以房地產市場高位進場，當然，你還是擁有一棟房子，只是你現在欠的款項遠超過房子的價值，這代表你在市場復甦前不能出售或動用這筆資產做任何投資。

也有可能你很努力工作，終於在夢寐以求的行業中獲得一次機會，卻發現該行業經常受到併購、縮編和收入來源不穩定的影響，這代表你每年可能都得面臨被解雇的風險。❺

我希望你開始明白這個道理了：就像死亡、稅收，以及穿著運動服最邋遢的時候遇到前男友一樣，失敗幾乎是生活中無可避免的。因此，與其避之唯恐不及，不如學會接受失敗。

計算風險，評估回報

以下介紹這個數學論證：一切都取決於風險與回報之間的關係。一般投資的經驗法則是「低風險，低回報；高風險，高回報」，這通常意味著安全的投資往往帶來比較保守的報酬，而風險較高的投資可能帶來極高的報酬，但這發生的機率非常低。

---

❺ 沒錯，我指的就是新聞業。

因此，舉例來說，如果你的金融投資組合風險非常低，像是所有資產都是現金或定存，那麼你會從較低利率中獲得可靠但有限的回報。如果將資金投入高風險投資，像是購買新創企業的股權或大量參與像 NFT 和加密貨幣這樣的投機機會，代表你有可能賺到巨額的利潤，但也可能完全血本無歸，而這種結果的可能性更高。結果發生的機率乘以結果的價值，即可得出預期值。

　　從數學角度來看，只要**預期值高於嘗試的成本**，那麼就值得投資看看（前提是你要有能力承擔失去全部投資的風險）。

　　對於老一輩的人來說，擁有一份穩定的全職工作，在一家公司或一個行業中不斷升遷，就像是一種相對低風險的收入策略，如同把錢存在傳統儲蓄帳戶中的風險一樣。然而，由於每五到十年就會發生金融、地緣政治和氣候的變化，加上技術創新的速度對大多數行業帶來的影響，這種策略已不再是低風險，而是最糟糕的投資形式：中高風險、低回報。

　　為了抵消這種風險，你需要分散風險，可能參與一項中等風險、中高回報的投資，例如在上班之餘兼職創辦一個小型副業；也可能是一個高風險、高回報的項目，你只投入其中一小部分的資金，以限制失敗時的損失（例如：晚上和週末時在城鎮的小場地表演喜劇，看看自己有沒有這方面的才華，如果你表現得糟透了，唯一真正的損失是你的自尊心，這確實是一個打擊，但不至於讓你一蹶不振）。

　　根據定義，**你的投資組合中某些活動注定會失敗，因為你不會只選擇安全的賭注，你必須增加風險，才有機會獲得更高的回報**。主要目標是透過多種機會分散風險，這樣任何一項活動的失敗都不會對整個投資組合造成重大損失。

韌性、適應力、創傷後成長

數學計算沒有讓你改變想法嗎？沒關係。我還有另一個論點，或許你會覺得更有說服力。小說家瑪麗・雷諾（Mary Renault）曾經寫道：「只有一種震驚比完全出乎意料更糟糕，那就是預期會發生卻拒絕做好準備。」❻根據你對世界的了解，最聰明的作法就是預期在職業生涯中隨時可能發生意外情況（不幸的是，在個人生活中亦然）。積極面對變動和失敗而不是迴避，可以培養兩種重要的心理素質：韌性和適應力。5 對於那些真正願意接受這種觀點的人來說，甚至可能帶來有意義的成長。

韌性是從挫折中恢復過來的能力，換句話說，是讓自己利用已經累積的資源，擺脫困境，重新振作起來，繼續朝目標取得進展的一種能力。**適應力**則是根據新資訊或現實情況修正目標或策略的能力，這是轉變的藝術。具備適應能力的人，不會認為自己對挫折無能為力，而是**將失敗視為暫時的、局部的和可改變的**。6

人稱正向心理學之父的馬汀・塞利格曼博士（Dr. Martin E.P. Seligman），畢生致力於研究失敗、無助和樂觀主義。他發現，人們對極端逆境的反應通常呈統計學上的常態分布（normally distributed，編按：數據分布以鐘形曲線呈現）：一些人陷入憂鬱或創傷後壓力症候群；許多人在初次負面反應後重新振作；而一些人則表現出相當的成長，最終變得比受創前更好。他的研究成果被許多組織採用，從《財富》一百強企業乃至美

---

❻ 摘錄於她令人感動的戰後小說《戰車御者》（*The Charioteer*，暫譯）（如果你喜歡歷史小說，本書值得一讀）。順帶一提，雷諾的前幾部小說是她在當全職護士時寫的。直到她四十多歲才累積了足夠的名氣，能夠完全以小說家的身分謀生。

國軍方，越來越多領導者體認到**人們面對失敗的反應，比一開始避免失敗更有價值**。塞利格曼博士概述了面對失敗的五種行為，普遍被認為有助於創傷後的成長：

1. 接受對失敗的反應，包括對自己、他人和未來的信念破滅，這些都是很正常的，並不代表你有缺陷。
2. 透過控制不安想法減少焦慮，包括認清負面情緒是否超乎你實際面臨的威脅。
3. 坦然面對失敗，一味壓抑或掩飾失敗可能會讓你感覺更糟。
4. 以建設性的方式講述故事，將失敗視為人生的一個轉折點，提供發揮優勢、改善關係和嘗試新機遇的契機。
5. 闡述你的個人原則，並清楚明確地規畫你未來的走向。

你知道舉重為什麼能讓身體鍛鍊肌肉嗎？因為壓力會造成肌肉纖維微小的撕裂，而身體會修復這些撕裂處，讓肌肉變得更強韌。將自己推出舒適圈，面對潛在的失敗，就像是承受心靈和情感的重擔。利用失敗來增強自己的力量，以便下次能夠勇敢面對挑戰，並取得成功。

失敗的代價
- - - - - - - - -

我承認失敗是一個複雜的議題，不是簡單地說「去嘗試一下，不要在乎是否失敗！」就可以了。我不想掩飾失敗帶來的真正代價，這些代價可能因個人特殊優勢而有很大的差異，坦白說，失敗的後果對某些人來說可能比別人更嚴重，也有些人可能更容易從失敗中恢復過來。因此，任何

關於失敗的討論，都必須承認這些不平等，並坦然面對。

我想要將失敗的代價分為三個方面：

一、 財務成本——實際的損失和間接的機會成本

二、 社會成本——人際關係和聲譽受損

三、 心理成本——自我認知受損、悲傷，以及因財務及社會成本帶來的壓力

在這些方面擁有安全網的人會發現，他們可以更輕鬆地減輕和吸收這些成本。有些安全網可以建立，而有些則是與生俱來的。無論是哪種情況，對失敗代價的現實看法將有助於你適當地管理風險。以下讓我們仔細地檢視各個方面。

財務成本：可能帳戶餘額不足

失敗的財務成本通常相當明確：失業會導致收入損失；新創企業倒閉會造成資本損失，甚至可能得承擔個人債務；與合夥人拆夥，不論是個人還是專業層面，可能涉及法律成本。如果你想更進一步，可以嘗試假設「如果……會怎樣？」，列舉出因為未採取某行動而錯失的機會成本。有些人有辦法減輕這些財務成本，可能是透過個人儲蓄、伴侶能夠承擔整個家庭財務責任，或有家族財富（如信託基金）可供使用，又或者是暫時搬回家依靠父母一段時間。對於沒有任何安全網的人來說，失敗的財務成本可能會非常巨大。我在經歷 Quincy 倒閉的期間，用信用卡支付房租，銀行帳戶出現負數餘額，這些財務負擔對我造成很大的壓力。

然而，還是有一些創意方法可以考慮，以減輕財務風險，這是你不

該忽略的：你的專業和人脈可以幫助你重新站穩腳步；你可以利用自己文氏圖中所有的技能和經驗來尋找未來的就業機會；甚至回顧你的恢復能力和處理失敗情緒的表現，而不是深陷其中。

雖然我沒有什麼財務安全網可言，但我知道我有心理治療師所謂的「快速情緒代謝」的能力：我會深入挖掘我的情感，感受所有的豐沛情緒，排除掉那些對我無益的敘述，然後在很快的時間內採取行動，走出困境。我也知道，自己也曾經面對過帳戶餘額不足的窘境，就像我二十二歲剛搬到紐約時，帶著五個行李箱、一把大提琴，在布魯克林租下一個非法轉租的公寓之後，身上只剩下約六百美元。當時我有一些工作機會，但是都沒有確定的錄取通知。然而，憑著毅力和運氣，我那次的賭注得到了回報：兩週後，我在大都會歌劇院獲得了一份全職工作。我最大的財務安全網就是告訴自己這個故事：「我可能不知道將來會發生什麼，但我夠聰明又堅強，總會找到解決方案。」

請花一點時間**思考你個人的財務安全網**。你有哪些資源、技能、人脈或關係可以依賴，好減輕可能的財務損失造成的衝擊？如果你目前的財務安全網相對薄弱，是否有其他辦法可以開始加強，以便在未來得到更好的保障？

社會成本：可能不易再有機會

失敗帶來的社會成本包含破裂的人際關係（如商業合夥關係）和聲譽受損的風險。在新創企業界中，聲稱失敗沒什麼了不起的人，往往是那些就算沒實蹟仍然被外界相信有潛力的人。如果你是白人、男性、常春藤名校畢業、外表吸引人、身體健全、人脈廣、或有可信賴的背景（無論是在一流企業的工作經驗，還是顯赫的家族姓氏），相較於缺乏這些優勢的

人，你會更容易得到第二次機會。

西雅圖包容策略公司 Candour 的創辦人露奇卡・圖爾希揚（Ruchika Tulshyan）表示：「在許多組織中，被允許犯錯並從中吸取教訓，還有機會東山再起的人，主要是男性，而且絕大多數是白人。」[7]反之，2020 年猶他州立大學的研究報告指出：「精英領導階層的女性和有色人種，即使在工作中犯了小錯誤，如違反服裝規定或表現出不恰當的情緒❼，都可能遭受到比白人男性更嚴厲的批判。」[8]

這偏見的兩個層面我都曾經體驗過。雖然我創業失敗是公開而痛苦的，但我有一張哈佛商學院的文憑，這代表別人還是很願意相信我的潛力遠高於這次表現。此外，我身材高挑、是白人、身體健全、性格外向、善於公開演講、形象也符合傳統認定的領導者樣子（只除了我是女性這一點）。然而，我在工作中也確實受到不公對待，我對工作的熱情會被解讀為好鬥而非鼓舞人心，我豐富的情緒也多次被斥責為不專業和沒有效率（有一次，我的男性上司在隔壁會議室大發脾氣，聲音大到全公司都能聽到，這幕令人難忘）。

在鼓勵你冒適當的風險之際，我必須指出，**失敗的社會成本並不是平等的**，這一點非常重要。社會需要針對這種狀況做出改變，但同時，在打造你自己的投資組合時，理性地權衡失敗的社會風險絕對是明智之舉，這可能代表你先準備打一壘安打或二壘安打就好，先建立成功的紀錄，然後再嘗試你真正渴望擊出的全壘打。你也可以建立一個由內部特權人士組

---

❼ 不恰當的情緒，例如憤怒。但相較之下，白人男性的憤怒屬於可接受的情緒，因為通常被認為是男性權力的展現。

成的非正式支持團隊，他們可以透過背書、推薦和介紹來分享一些特權給你。同時，在評估機會時，不妨忽略那些雖然是一番好意但並未面臨相同社會成本的人提供的建議。你的社會安全網有多強大？在有需要之前，你可以採取哪些行動來加強呢？

心理成本：可能自尊心受創

　　嘗試和失敗最困難的一部分是自尊心受創，意識到自己的不足，即使用各種角度分析，事實似乎很明顯了，對追求卓越表現的人來說，仍可能是最痛苦的代價。就算是很了解自身缺點的人，一個計畫的失敗、失去工作或公司倒閉，都可能讓人懷疑起自我價值，對於將工作頭銜視為一切的人來說，更是如此。

　　「確實如此，工作對美國人來說是人類繁榮的核心，」強納森・馬萊西克（Jonathan Malesic）在《紐約時報》一篇專欄文章中寫道，「工作不僅僅是我們謀生的途徑，更是我們贏得尊嚴的方式：在社會受人重視並享受好處的權利。」[9]

　　然而，正如我們在第 2 章看到的，將自己的身分和尊嚴等同於工作，從各方面看來都是危險的事。那麼，我們如何減輕這些心理風險呢？首先，我們可以讓自我價值定義超越工作範疇（檢視你的人類文氏圖！）。其次，我們可以運用塞利格曼博士提出的五種方法，**專注於失敗後的成長機會**。我要特別強調的是，不要把失敗的後果想得那麼嚴重，不妨透過有效的敘事，將失敗視為促成積極、向前行動的催化劑。

　　最後，我們可以依賴自己的投資組合，分散失敗的成本。失敗的三個成本都可以透過不同的收入來源、過去的成功紀錄、定義意義和自我價值的機會來減輕。你可以不必相信我說的，但不妨參考 2013 年《管理學

期刊》（*Journal of Management*）刊載有關事業失敗後生活的一項研究，就指出了這個現實：對於投資組合的企業家來說，失敗的心理成本被「淡化」了，因為他們至少還有別的機會可以依靠，使他們更容易從失敗中學習並重新振作。反之，將所有精力和資源都投入在單一機會的連續創業家，則會覺得失敗的後果「在心情上更難以調適」，因此阻礙了他們的復原能力。[10]

如何練習接受失敗

好，你已經知道應該要勇於接受失敗了，但究竟如何做到呢？簡單來說，就是**經常在小地方失敗一下**。「越是能夠接受所有小小的失敗，並將之視為改進系統的方式，整個系統崩潰的可能性就越小。」[11] 我在哈佛商學院創業部門的同事希卡‧戈什（Shikhar Ghosh）表示。

有些人在童年或職業生涯早期就有機會鍛鍊自己的失敗和復原力，參加團隊運動是習慣接受失敗的一種方式。在銷售業務中表現出色的人，很快學會了如何擺脫拒絕，不停嘗試，直到成交。對於能在試鏡和提案過程中保持厚臉皮的藝術家來說，失敗不會阻礙他們（雖然很多人因總被拒絕而精疲力盡，最終離開自己的專業領域——要同時保持創造力、敏感脆弱還要訓練臉皮厚一點，確實不容易）。甚至有一些研究指出，男孩比女孩更早接受社會訓練，學會從失敗中復原，因為在異性關係中，傳統期望是男孩向女孩主動示愛，[12] 因此，他們習慣被拒絕之後再接再厲，而女孩則被訓練要等待一個不錯的機會，如果沒有出現的話，就可能選擇完全放棄。

也許你很能夠接受失敗，不需要再多加練習了，果真如此的話，恭

喜你！（同時，拜託你傳授一下祕訣）。然而，對其他人來說，這是一個學習契機，習慣在小地方失敗，以避免遭受重大的挫敗感。鍛鍊自己接受失敗的能力，是建構個人安全網最好的方式之一。

案例研究：詳細的失敗紀錄

傑森‧哈海姆（Jason Haaheim）擅長接受失敗，在成長的過程中，他學習鋼琴和打擊樂，同時對科學培養出日益濃厚的興趣。大學期間，他主修音樂和物理學雙學位，一邊在管弦樂團擔任定音鼓手，一邊深入研究奈米科技。大學畢業後，他選擇從事科學專業領域，取得電子工程碩士學位，並在芝加哥一家奈米技術公司擔任研發工程師，但他仍然保持著音樂的業餘愛好，繼續在專門培訓新興職業音樂家的芝加哥市民管弦樂團中演奏定音鼓。

在接下來的十年裡，雖然他很享受科學家的工作，但發現自己更渴望成為管弦樂職業演奏家。他並沒有進音樂學院轉換專業跑道，而是以科學的方法來練習，並開始參加試奏的機會。他告訴我：「大部分的科學都有詳細的失敗紀錄，而大部分的管弦樂試奏也都是失敗的，因此我覺得我有必要用同樣嚴謹的方式充分記錄下這些失敗。」

這是什麼意思呢？他運用瑞典知名心理學家安德斯‧艾瑞克森（Anders Ericsson）提出的「刻意練習」方法，做了極其詳盡、條理分明的筆記，記錄了自己的試奏過程，在每次失敗後，透過查閱這些筆記，分析哪些方法沒有奏效，並提出下次**可能**會有效的相關假設。當事情進展順利時，他會對如何影響成功抱持懷疑態度，然後試圖重複那個過程。❽

穩定的全職工作使他有機會學習並發展成為一名音樂家，他參加二十七次不同的管弦樂團試奏，面對一次又一次的失敗，最後終於通過試奏，成了大都會歌劇院管弦樂團首席定音鼓手。

　　做為一名科學家，他將失敗定義為任何不符合他的期望／預期／假設的結果，這代表他的主要任務就是要**弄清楚失敗的原因**。他不會因為自己達不到目標而自責，而是展現出典型的成長心態：假設自己目前雖然能力不足，並不代表最終無法發展出這些能力（卡蘿·杜維克博士〔Dr. Carol Dweck，編按：《心態致勝》作者〕一定會以他為榮）。

　　不同於其他試奏者將每次失敗都視為音樂職業生涯中又一次的打擊，傑森除了音樂之外，還有個蓬勃發展的事業，因而減輕了試奏失敗的成本，使他有足夠的本錢、時間和精神毅力，來培養自己的音樂技能，直到他準備好全心投入。

　　在 Quincy 倒閉後，我知道有必要提升我面對失敗的能力，於是我開始練習長跑。要知道，我天生沒什麼運動細胞，我是唯一一個因表現太差而被踢出高中籃球隊的學生，教練知道我可能大一整學年都會坐冷板凳。我還在初中體育課的一英里跑步中作弊過：當時學校沒有體育館，只能以停車場跑四圈來完成總體能測試，所以我躲在樹後等別人跑完三圈，然後為自己噴點水，看起來像汗流浹背，等到最後一圈才跑出來（我夠聰明，

---

❽ 傑森針對「刻意練習」和「詳細記錄失敗」寫了一篇精彩的部落格文章，值得一讀：https://jasonhaaheim.com/well-documented-failure/。

跑了倒數第二名的成績，以免引起懷疑）。

我不是很懶散的人，但我大部分的嗜好都是靜態的：我青少年時期一直在練習鋼琴和大提琴、參加數學隊比賽和領導學生會。基本上，運動（尤其是跑步）向來是我的致命弱點。

因此，當我下定決心重新振作起來，在紐約創業學院找到我創業失敗後的第一份工作時，我決定在一年內參加十三場半程馬拉松比賽。畢竟，在 2013 年半馬是 13.1 英里（約 21 公里），所以這對我來說是一個不錯的努力指標：一年內跑完 13 x 13.1 英里（題外話：其實，在那之前，我這輩子總共大概只跑了二十英里）。我這麼做不是為了在創業失敗後給自己打氣，而是因為我知道這並不容易辦到，我會表現得很差，而且每場比賽時間都夠長，我無法忽視自己在這方面的差勁表現，我得一步一步地面對，直到終點線。我過去因為害怕做不好而逃避了很多事情，我想改變這種心態。

在接下來的六個月裡，我總共參加十二場半馬，並在年底前完成了紐約市馬拉松比賽，原本計畫參加在一個國家公園舉行的第十三場比賽，卻因聯邦政府停擺而被取消賽事。雖然我從未設定贏得比賽的目標（顯然那是不可能的），我通常會設定個人紀錄的目標，或者試圖達到特定的分段時間，但我並非每次都成功。當然，在整個賽季中，我的完賽時間有所提升（儘管我仍跑了將近六個小時），而且每場比賽後我的身體恢復得更快了。此外，我還拍了一系列很棒的自拍照，並獲得了一些獎章（沒錯，更多的參加獎），但這些都不是重點，**重點是我正在學習去做自己不擅長的事情。**

或許你會指出，不擅長某事並不等於失敗，但像我這種向來追求卓越的人，我必須老實說我不同意這一點。我一直到二十多歲，都會積極避

免去做任何我沒把握能做好的事情。我的內心敘事是成功的，我不想冒任何失敗的風險，所以我拒絕嘗試那些看起來沒把握的事。對我來說，雖然我的財務和社交安全網相對強大，但失敗帶來的心理成本可能具毀滅性的影響，我需要重新書寫那個敘事。

的確，沒有完成休閒跑步的風險與讓一家公司倒閉是兩碼子事，然而，重點是：我們希望在小事上培養自己接受失敗的能力，而不是第一次嘗試就遭遇巨大且痛苦的失敗、付出昂貴代價。**透過接受自己不擅長跑步，我能夠改變自我認知，從過去的「成功」紀錄，轉移到更關注自己勇於嘗試、遇到困難堅持下去、跌倒後重新站起來的能力。**有時，真的就像在清晨小徑慢跑時一開始就摔倒那樣。

失敗不該成為生活方式，但應該成為學習方式

我希望你經歷失敗嗎？是的，在某件事，也許是幾件小事，當然，絕對不是所有的事。基本上，我希望你能取得超乎夢想的成功，但**如果你不曾經歷過任何失敗，代表你沒有走出舒適圈去挑戰自己**，你沒有測試自己能力的極限，無法學習和培養新的能力。你沒有承擔足夠的風險，以獲得應有的回報，幫助你度過未來幾乎無可避免的挑戰。我向你保證，一旦你經歷過一兩次的失敗，你會發現失敗其實沒什麼大不了的。而且，這些失敗不需要被隱藏，而是可以在你人生中扮演重要的角色，就像我公司倒閉的經歷一樣。

在進入本書第一部的尾聲之際，我想強調，你感受到的掙扎是真實存在的，我們試圖解決的經濟問題比老一輩的人面臨的更困難許多，但並不是不能解決，只是需要採取不同的策略，也就是基於投資組合的選擇，

而非只求單一答案。為了未來的成功，我們已經做好面對一切失敗的心理準備。

　　現在，我們要進入本書第二部，親自動手，揭示自己的投資組合的基本要素，並以既充實又可持續的方式將之結合起來。在這個過程中，可能會用掉許多便利貼，希望大地之母原諒我們（完成後你可能會想種一棵樹來彌補）。準備好了嗎？我們開始吧！

PART
TWO

WHAT

你擁有什麼

Chapter 4
你的文氏圖包含什麼？

我自相矛盾嗎？好吧，我的確自相矛盾。（我包羅萬象，我中有無數的我。）

——華特·惠特曼（Walt Whitman），
《自我之歌》（*Song of Myself*），第 51 節

在第二部，我們有一個重要的目標：制定一個完整的願景策略，來規畫我們想要打造的人生。首先，我想從關注你自己開始：你是誰？你的文氏圖中有哪些元素？

我們在第 2 章談到了讓自己的身分超越目前職業或頭銜的重要性，但我們至今尚未討論到該如何實際做到這一點。第一步就是要看到真正的自己。你絕對不僅限於勞動經濟價值，而是一個立體的人，擁有夢想、才華和人際關係，你的真實價值超過你的工作。

比方說，想像你是一名空服員，但那些了解你的人看到的你，是一個熱愛旅行、在唱歌之夜表現出色、能夠輕鬆解決任何後勤問題，甚至在壓力極大時還能展現幽默感的人。你在聚光燈下引人注目，由你掌控局勢時，你身邊的每個人都會放鬆許多。如果你朋友得向陌生人描述你這個人，他們可能在提到你打著時尚領巾，靠著環遊世界賺錢之前，就先提到

其他一堆特點，這樣看來，空服員**只是你目前的職業，不代表真實的你**。

本章的目標是讓你最終以別人的視角看待自己。我希望你能忽視你一直試圖定義自己的狹隘職位頭銜，重新審視你能為世界帶來什麼，以及什麼事能讓你得到最多成就感。廣義而言，我們將尋找你文氏圖中的各種領域。

如果你已經在職場上工作了幾年（甚至幾十年），你很可能因為不符合心中設定的職業生涯模式，而割捨、隱藏或壓抑了自己的某些特點，不再能夠自然地宣稱自己擁有多重的身分，我想提醒你的是：一、這不是你的錯，二、如果你一開始感到不自在，是很正常的反應。相對而言，有些職場新鮮人可能會覺得正在接觸自己的興趣，但卻難以界定自己在眾人之中有何獨特之處。也許你還沒找到自己獨特的技能和經驗組合，足以對世界有貢獻（或藉此維持生計）。

無論哪種情況，光是透過內省可能無法完整勾勒出你的文氏圖。因此，我們不打算從自我審視和深思開始做起，而是先請問別人他們眼中的你是什麼樣子的人。

 Willian E. Ketchum III ✔ @WEKetchum
最近我告訴一個朋友，看到人們對我的評價高於我對自己的看法時，這讓我感到很困惑。她說：「他們看到的是真實的你，而不是你對自己的欺騙。」從此以後這句話就一直留在我心裡。和我一樣患有冒名頂替症候群*的朋友們，要記住這一點啊。

* 編按：冒名頂替症候群（Impostor Syndrome），無法將成功歸因於自己，擔心會被識破自己其實沒有能力。

用一杯咖啡，多認識自己一些

我知道這個過程多麼有效，因為我自己就曾試過。我的新創公司Quincy 倒閉時，我陷入了嚴重的信心危機，那個時候，我感覺完全不了解自己是誰，我的簡歷上列舉了幾年的藝術管理資歷、三年暑假的舞台木工、一年的管理諮詢經驗、一個 MBA 學位、一家已經倒閉的時裝公司，身為新創公司的執行長，我涉足了各項工作（無論我擅長與否）。我的文氏圖上有一些明確的領域，像是商業、技術和藝術，但我並不知道這些能為世界帶來什麼實質貢獻。

因此，起初我完全無視這個問題，我蜷縮在床上，從頭到尾看完七季的《白宮風雲》（The West Wing）（順帶一提，大概花了整整三週的時間），除了到街角雜貨店買食物和倒垃圾之外，我沒有和任何人交談或踏出家門。總之，我陷入自怨自艾的情緒低谷中。

經歷了一年半建立風險投資新創公司的忙碌後，休息片刻的感覺真好。然而，在《白宮風雲》巴特勒政府結束跑片尾字幕後，我發現自己沒有找到答案，依然覺得無所適從。孤獨和逃避現實都無法解決我的身分認同危機。因此我決定找人聊聊，向最了解我的人尋求幫助。我洗了個澡，吃了一些東西，向所有我認識的人發了電子郵件，約他們和我見面喝咖啡（同時也請他們付錢，因為我身無分文）。我聯絡了高中時就認識的人，還有只認識幾個月的創業社群成員，同時也聯繫了商學院的教授、以前的老闆、各種工作崗位上的同事和過去的合作夥伴。

事後回想起來，我寄出了將近一百封郵件，實在是太誇張了，但我一開始之所以要求這麼多的會面，是想要確保我得到的觀點能反映出我自己的各個面向。如果我找的對象只限於了解我創業時期的那些人，他們對

我在執導和製作戲劇方面或是在物理實驗室對膠體粒子進行研究的優異表現和掙扎之處，就會一無所知。

但最主要也是因為我沒有想到會有這麼多人答應赴約，大家都很忙，而這個請求只對我個人有益。然而，我的人脈為我提供的幫助比我想像的要豐富得多。正如一位前同事所說：「多年來，你在我們的關係中一直不斷地付出，現在輪到你有需要時，我們也是毫不猶豫就答應了。」

最終，總共有七十多個人回覆我的請求，於是我展開了一整個月瘋狂的咖啡聚會，❶向我的朋友和專業人脈提出三個相同的問題：

1. 你什麼時候看到我最快樂的一面？
2. 在什麼情況下你會來找我幫忙？
3. 相較於同儕，我在哪方面脫穎而出？

我之所以提出這些問題，是因為我難以理解別人眼中的我，我的內心獨白就像一張破碎的唱片，當時我覺得無法信任自己，所以我想知道朋友和同事們心中對我的具體印象是什麼。他們在面臨問題時是否會想到：「你知道嗎，我該去問問克莉斯汀娜能不能幫忙？」

令人驚訝的是，無論是認識我十幾年的人、還是只認識我幾個月的

---

❶ 如果你對這個概念不太熟悉，一般指的是大約三十至四十五分鐘的一次會面，與對方的商業利益無關，可能是關於他們行業的資訊訪談，也可能是為了未來工作機會的自我介紹，或者，像我一樣，是一種聊天和尋求反饋的方式。順道一提，也不見得一定要喝咖啡，我曾經以散步的方式進行過幾次這樣的會面，在附近的公園漫步或下班後陪同對方處理一些事務。由於這些通常是單向的請求，所以最好盡可能讓對方感到輕鬆自在。

人，他們對於那三個問題的回答都相當一致。值得注意的是，這些回答並未提到特定行業的專業知識，而是指出了他們觀察到我追求成功的心態、技能和環境。

他們看到我最快樂的時候，是當我能夠掌握自己的行程表，並在工作之餘將所有興趣納入其中，像是參加樂團表演、指導畢業生還有參加寫作工作坊等。我不害怕努力工作，我只是想按照自己的方式去做，這代表我在工作中需要相當程度的自主權，而某些業務模式，像是客戶服務就不太適合我。

他們會來找我幫忙講故事，無論是定位新產品、串聯履歷當中的經驗，或是更高層次從一棵樹看到整片森林。這項技能與市場行銷和傳播工作最密切相關，對於創業家、執行長或需要表達宏大理念並吸引資源來實現創意的人來說，也是必不可少的。這也是我可以在接案工作中輕鬆運用的技能，像是教練、內容創作或公開演講等自由工作。

還有，我對於從無到有創造出東西的能力比起同儕更為出色。我在事物早期發展階段表現得很好，能夠吸引到優秀人才相信我的願景，願意與我合作。這一點闡明了我的心態和最適合我的舞台，指出從無到有的要點對我來說，比改善現狀更有趣。雖然我可以從表演藝術到新創企業等各種領域應用這種心態，但我需要清楚知道我什麼時候能夠發揮最大的影響力，以及什麼時候應該將事情移交給更注重營運的領導者。

在整個過程中，我試圖記錄下聽到的模式，這些對話幫助我理解自己可能喜歡的工作角色是什麼，我會在什麼樣的職場環境中表現出色，還有我多學科的背景是一種超能力，是我應該繼續投資發展的事。現在，我對於求職有了更好的參考指標，尋找初步發展階段的科技新創公司的領導職位，讓我專注於品牌行銷和傳播，抑或是給我機會從頭開始建構一些東

西，比如推出新產品或擴展新的業務區域。更重要的是，我能夠看到自己超越目前的職位頭銜，意識到我有多少機會對世界做出貢獻。

　　老實說，仔細想想，這些見解似乎都很顯而易見，但有時候，確實需要喝上七十杯咖啡才能看清真相。

為何要尋求他人意見？

　　最近，我打電話給我的專業教練朋友凱薩琳・史泰森（Kathleen Stetson），請教她為什麼從朋友那裡獲得外界看法那麼重要。凱薩琳曾經是一名歌劇演唱家和聲學工程師，她的職業生涯始於將藝術、科學和商業領域結合在一起。她在麻省理工學院攻讀 MBA 期間，創辦了一家藝術科技新創公司，同時也是麻省理工學院「Hacking Arts」的創辦人之一，這是全球首次結合藝術與科技的黑客松慶典，之後她為新創公司和藝術機構提供諮詢服務，包括洛杉磯愛樂。在她三十多歲的時候，再次轉變了方向。由於創業生活的挑戰引發了她的抑鬱症，再加上長期的慢性偏頭痛，她開始深入研究健康、冥想和正念。借助這些知識和對協助企業家的強烈渴望，她成了一位私人執行教練，幫助那些身兼數職的人士。

　　「這個階段的目標不是要找到『正確』的答案，而是要收集資訊，然後進行處理，以幫助你理解眾多可能性。」她告訴我。內在訊息是這個拼圖的重要組成：你可以透過冥想、寫日記、正念練習等方式深入了解自己。而外在訊息——別人如何看待你——可以提供錯失的部分。不要把它看作是尋求反饋，這純粹是為了獲得不同的觀點。傾聽別人對你的看法，可能會讓你了解到內在探索與外界看法的差異，就像了解你的技能或興趣一樣重要。

尋求第二意見

　　詢問朋友和同事對你的看法是很有效的一種方式，可以讓你看到自己（目前）可能還不了解的各個面向。你有需要和七十個人交談才能做到這一點嗎？絕對不需要，但你會驚訝地發現向廣泛的人群尋求幫助有其重要價值。走出個人的想法，去尋求第二意見吧。

　　列出一份朋友、同事、經理和專業聯絡人的請益清單，邀請他們喝咖啡（或是散步或視訊）。目標是要與足夠多的人交談，以便從他們的反饋中看到一些模式。（在創業界，我們在進行產品研發的時候，通常認為每個客戶群體進行五到七次訪談是甜蜜點。[1] 其他研究表明，進行了大約十幾次對話後，你會從質性研究中發現 90% 以上的關鍵見解。[2]）當你在對方開口之前就能先預測到他們會說什麼時，就代表你已經收集到足夠的資訊了。

　　你的問題清單要簡明扼要，讓你有空間去發現新事物。我建議以下這三個問題，但你可以根據這些自由發揮，打造屬於自己的問題：

1. 你什麼時候看到我最快樂的一面？
2. 在什麼情況下你會來找我幫忙？
3. 相較於同儕，我在哪方面脫穎而出？

　　隨身攜帶筆記本，記下他們的回答以及任何令人驚訝或新奇的內容。如果你聽到一些以前從未聽過的見解，不妨在接下來幾次的咖啡聊天中，問問其他人對於這個見解的看法。不要過度執著於一次的對話內容，但如果其他人證實了這個說法，那就值得更深入了解。這個目標是收集情報、發現模式，以幫助你全面了解自己。

在咖啡聚會結束後，每個問題你應該都能得到一兩個答案是大部分朋友和同事都認同的，將之記下，這些將成為繪製個人文氏圖的重要資訊。

發揮優勢勝過變得全能

有時候別人的看法會揭示出我們擁有的超能力，也許因為是自己與生俱來的技能或心態，而被我們視為理所當然，因此可能沒有意識到這其實是多麼稀有和珍貴。在這種情況下，外部觀點可以幫助我們了解如何發揮這個超能力的影響力。與其試圖變得全能，不如把握機會追求良好的偏向發展。

萊娜特[2]驚訝地發現，透過別人的觀點看自己可以發揮巨大作用。她三十歲出頭，最近剛取得 MBA 學位，之前在娛樂業已經工作了一段時間，後來決定轉行進入管理諮詢領域。畢業後，她加入一家頂尖諮詢公司的亞特蘭大辦事處，埋頭學習新工作所需的技能：研究、數據分析、編寫簡報、客戶管理和演示技巧。該公司為新進員工提供嚴格的培訓計畫，萊娜特在第一年享受了有系統的學習和反饋的機會，同時與團隊在實際工作中一起探索。

「第一年對每個人來說，幾乎都是很辛苦的，」她反思道，「因為工作時間長、期望高，而且公司文化強調升遷／淘汰制。」就像許多頂尖

---

[2] 應她本人的要求，一些能夠辨識身分的細節已經做了修改。

專業服務公司一樣，萊娜特所在的諮詢公司有一項政策，大約每隔兩年就要進行升遷或「勸退」（即被解雇）的評估。「對於像我這種從不同產業轉入的人來說，當覺得自己表現不佳時真的很痛苦，因為我們受到的評估標準與之前的職務完全不同。我們正在學習新技能、新術語、新的辦公室文化，很多時候，我感覺我的超能力沒有用武之地，而我一直遇到的問題卻是攸關著成敗。」

萊娜特決定與公司為所有一年級顧問提供的專業發展教練進行一對一交流。在第三次會議中，他們關注她的簡報技巧，教練要求她帶來一些與最近計畫相關的投影片，然後讓她向坐在會議室圓桌的假想客戶進行演示，他架設了錄影機來拍攝整個過程，以便事後一起檢視，也準備了筆記本隨時記錄。然而，在萊娜特向「客戶」介紹團隊最近的分析和見解，並概述下一階段的工作計畫時，他並沒有記下需要改進的地方，而是靜靜地坐著聆聽了十五分鐘。她的簡報結束後，他關掉錄影機，在長橡木桌的另一邊坐下。

「我認為你應該離開這家公司。」他平靜而堅定地說道。萊娜特大吃一驚。她並不覺得自己的簡報有那麼糟糕，事實上，她覺得自己的表現相當出色。這是怎麼回事？「別誤會我的意思，」他說，「不是因為你表現不夠好，而是因為這是我在這家公司幾十個辦事處培訓新顧問二十多年來見過最好的簡報。你是一個天生的溝通者，有種令人驚豔的魅力，除非你在六、七年後成為這裡的合夥人，否則你將無法充分發揮這份天賦。期間你會因為其他技能表現不佳而受到指責，你也可能永遠無法成為合夥人。去找一份至少有五成以上的時間能讓你發揮演說長才的工作，那才是你應該做的事。」

萊娜特靜靜地坐在那裡，思索著他的反饋。她一向熱愛公開發言，當

別人緊張得要命、努力記住筆記卡片或精心撰寫的講稿時，她會因為成為眾人矚目焦點而感到自在，有本事發揮即興演說，同時還能不偏離主題。她的口才流利、魅力十足，而在公開演講時，她可以展現出自己最好的一面。相較於花時間建構 Excel 模型與公式搏鬥，或是頭昏眼花地尋找與分析不符的小錯誤，兩者感受相去甚遠，在那種時候她總覺得自己很渺小、沒把握，有時甚至覺得很愚蠢。

「我只有一個疑問，」她終於回應說道，「我難道不該尋找機會來提升自己有待改進的領域❸，而不是局限於專注發展自己原本就擅長的事情嗎？」做為一個高成就者，她對於有自己不擅長的弱點感到不自在。

教練輕笑了一下，「這裡已經不是學校了，在現實世界中，不再重視或鼓勵均衡發展了，應該努力追求令人印象深刻的偏向發展。如果你在某方面這麼出色，就要全力以赴，以此為基礎建立你的職業生涯。」

有一些可靠的神經科學研究支持教練的建議，鼓勵發揮個人的偏向優勢。在嬰兒時期，大腦神經元之間的突觸會迅速增長，腦部快速發育的這個階段對於早期的學習、記憶形成和適應發揮關鍵作用。大約在兩、三歲時，突觸達到高峰水平，而在這個增長期過後不久，大腦會開始清除不再需要的突觸。

這個過程遵循著「用之則存，不用則棄」的原則：活躍的突觸會變得更強，而不活躍的突觸會被修剪掉。早期的突觸修剪主要受基因的影響，

---

❸ 商業界對所有事情似乎都有自己的專門術語，包括這種令人愉快的行話。「有待改進的領域」（areas for development）是一種委婉客套的說法，其實是在說「你在這方面不行」。

後期則基於個人的經驗。最近的研究表明，這個過程持續的時間比最初認為的要長得多，一直到二十多歲，而不是在青少年時期就結束。[3]

經過這段密集的修剪過程之後，個人獨特的突觸連接網並不會有顯著變化，這代表一個人的思想、情感和行為模式，通常不會在沒有明顯生活干擾的情況下發生轉變。如果你很注重細節，你之後還是會注重細節；如果你有競爭心，你會持續保持競爭心；如果你是好奇的創意實踐者，你還是會一直充滿好奇心。根據神經科學的理論，與其在職業生涯中去花費四、五十年的時間來改進自己不擅長之事，人會在大腦中已經有最強突觸連接的領域中，學習最多、成長最多、取得最大的進步。也就是說，我們應該找出自己的優勢所在，然後尋找可以發揮優勢的技能、知識和經驗，繼續追求出色的表現。

高成就者往往比較容易發現自己的弱點而非優點。[4] 有時可能會忽視自己的優點，因為這些對他們來說似乎輕而易舉，一如萊娜特公開演講的天賦。然而，大多數高成就者很常察覺到自身的弱點，因為他們通常將之歸類為需要改變的事。重點在於：當然要對一般的自我提升持開放心態，但是，當你強化個人優勢，在現有突觸連接的基礎上進一步發展時，你的長期成長將會是最引人注目的。

我喜歡用「發掘並擁抱自己形狀獨特的拼圖」來描述這項工作的成果。一旦你找出自己的優勢所在和能夠提供的長才，你將很快發現你的拼圖是否符合他人的需求。與其試圖改變自己以適應更多環境，不如擁抱自己的獨特之處，毫不猶豫地選擇那些能讓你茁壯成長的機會。❹ 正如萊娜特的教練說的，要努力追求令人印象深刻的偏向發展，而非易被遺忘的均衡發展。

圈起你的文氏圖

　　或許你讀到這裡心裡想著：「沒錯，克莉斯汀娜，這些都很有道理，但萬一我沒有超能力怎麼辦？如果我只是一塊平凡普通的拼圖呢？」我了解你的擔憂，這種恐懼是真實存在的，但我保證你本人絕對不僅只於此（我這個人從不輕易作出承諾，所以你能明白我是說真的）。現在，讓我們從你在咖啡聊天中學到的東西出發，進一步擴展，勾勒出你完整的文氏圖。

　　在你將生活中的眾多層面融入投資組合之前，你需要清楚了解你的文氏圖中有哪些「圈圈」，並理解相互之間的交集在哪裡。這些圓圈可能代表了不同的行業（如法律、媒體、教育、醫療保健等）、職能（寫作、教學、銷售、協調等）、愛好或興趣（演奏樂器、烘焙蛋糕、

---

❹ 我覺得有必要補充一點，尋找另一半的過程也是如此。是的，要對成長抱持開放態度，但不要把那些只對你半感興趣的人提出的每個負面意見都當成是你需要改進的證據。反之，不如花一點時間認清自己奇特形狀的拼圖，然後尋找能與你相配的人。

清理事物、拯救鯨魚等），甚至是特定技能（精通 Excel、過目不忘的記憶力、槓鈴臥推超過自己的體重、拍出漂亮的自拍照等）。透過這個練習，你將得到一份文氏圖的初稿，成為你投資組合的推動力。

步驟 1：你的圓圈包含哪些元素？

你已經開始尋求外部觀點，了解什麼事讓你感到最快樂、你在哪些方面表現傑出、以及可能具有獨特優勢的地方。這些見解是打造個人文氏圖的第一批絕佳數據。拿起一支筆和一堆便利貼或索引卡，將每次交談中得到的意見分別寫在不同的紙上。

接下來，思考以下四個問題，進一步充實這些內容。

1) 你目前正在從事哪些活動？

讓我們從最簡單的部分開始：你目前在做些什麼？不要只是寫下工作職稱，也要考慮你在職位中實際負責的工作。你是活動策畫嗎？撰寫行銷文案？設計程式碼庫的整體架構？採訪消息來源？打電話給潛在客戶？協調所有人員和事物使計畫順利完成？規畫複雜的物流並說服別人付諸實行？（提醒：這些都是應該包含在你的履歷中）。暫時不要評估或編輯你的答案，寫下所有內容（甚至包括你不喜歡做的事！），稍後我們再進行簡化。

不要只限於工作，也要思考生活中的各個層面。你是否為學校家長教師會撰寫社群通訊？為朋友們拍攝放在 LinkedIn 上新的大頭照？你是否私心認為自己的酥皮製作和擠花技巧相當出色，應該考慮報名參加《大英烘焙秀》呢？把一切都寫下來。

看看你已經在做這麼多的事了！但我們不會就此停住……

2) 你還參與過哪些活動？

　　現在，回想一下你之前的角色，包括任何你認為不算是「真正」的工作，可能只是暑期打工或在校時期的兼職。同樣的，寫下你實際做過的事情（接受複雜的客戶訂單、為嚴苛的老闆處理源源不斷的電話、冷靜地教導脾氣不好的幼兒游泳課程等）。

3) 你對什麼極度著迷？

　　接下來，思考你平常有什麼娛樂消遣，或是，想想你以前只要一有空時，都喜歡做些什麼。你在學校參加過哪些社團？你總是會答應參加哪些活動或邀請？你看報紙的時候都會先讀哪個版面？你在臉書或推特上關注什麼人？Youtube 演算法都會向你推薦什麼？你經常活躍於哪些 Reddit 社群或 Discord 平台呢？將每個事項各別寫在一張便利貼上。

4) 人們對你有什麼特別的印象？

　　最後，想想在什麼情況下朋友會來找你尋求協助。他們是因為需要你的 podcast 推薦、對感情問題的建議、還是為調整新食譜而來？這是你探索他人意見的機會，不僅僅限於「專業方面」的看法，記下別人對你的觀察。

　　此外，回想你與同儕相比時脫穎而出的地方，即使當時對你來說可能沒什麼意義。比方說，你在中學時贏得的創意寫作比賽、或是在高中年鑑中獲得的最高評價。也許你的籃球隊從未有望參加冠軍賽，你的身高可能也不夠格參加大學或職業籃球比賽，但你的罰球技術卻相當出色。（雖然你可能將 NBA 排除在未來職涯選擇之外，但你可以

考慮指導兒童球隊或加入社區聯賽，藉此結交新朋友並保持活躍）。
將你這些表現出色的地方加到便利貼中。

步驟 2：找出共同點並進行分類

　　現在拿出你的便利貼，讓我們開始分類整理。仔細檢視這些內容，
將你不喜歡做的事放在一疊，從剩下來「喜歡的事」那一疊中，針對
你希望多做的事在角落加上一顆星號。

　　接著開始尋找模式和重疊之處。你的目標是將這些看似不同的生
活層面整理成明確的主題。比方說，如果你便利貼上寫著學生會主席、
podcast《Pod Save America》的超級粉絲、自願擔任選舉民意調查員、
以及將 CNN 設定為首頁，「政治」可能是一個不錯的類別。也許另一
組便利貼描述工作職能：關於你超強的試算表技能、總是負責組織朋
友們的旅行、以及你因優化公司薪資流程而獲得的創新獎，這些可能
表明你的超能力是「營運高手」。或許你也會發現一個貫穿技能或特
質的主題：你是一個善於交際的人、別人會向你尋求建議、你總是能
激發出身邊每個人的潛能。你可以將這些便利貼歸入名為「指導教練」
的類別中。

　　理想的分類應該要足夠廣泛，可以容納十張以上的便利貼，也應
該要夠具體，在完成後至少有三到四個類別（更可能是五到七個）。

　　一旦你對所有「喜歡的事」進行分類後，再回頭檢視「不喜歡的
事」。如果你真的不喜歡那種工作或特定領域，你可以選擇完全忽略
（也許從前你以為自己喜歡，但嘗試之後發現並不適合，那就很容易
將之排除）。或者你可能很擅長這項工作，每個人都交給你做，但你
其實很不喜歡做（畢竟，有很多事情你可能擅長，但對你並無益處）。

有些工作可能視情況而定：也許你希望在不同的環境或有更多資源時做這項工作。也許公司文化讓你不敢去冒險，或者有些人際糾紛搞砸了你的領導經驗，而在另一種環境、不同的情況下，你會願意再次嘗試。若是這樣的話，就在這些便利貼角落加上一個問號，然後將之放入相應的類別中。最後，將剩下的「絕不再做」的便利貼丟掉（或者，如果想要宣洩情緒的話，一邊播放你最喜歡的分手歌曲，一邊把這些燒掉）。

步驟 3：整理各類集合並尋找交點

在桌子或大型白板上，畫出最大的文氏圖，足以容納你所有的類別。用各類別的名稱標記每個圓圈，並在每個圓圈內放入相應的便利貼。如果有些便利貼好像可以歸入多個類別中那就太好了！這些就是你的文氏圖中各類別之間的交集。例如，你可能有一個關於「財務」的圓圈，而另一個是「指導教練」，有些便利貼內容介於兩者之間：你是朋友們尋求退休儲蓄計畫建議的人；你喜歡幫助同事協商加薪或新工作機會；有空的時候你一直在為青少年撰寫有關個人理財基礎知識的部落格。

你可能需要多嘗試幾次才能找到你的興趣交集，但我相信你至少會發現三個圓圈在某種程度上重疊。然而，如果每個圓圈似乎都是獨立存在，沒有重疊，請不要驚慌。也許你還沒有機會或動機去尋找你的興趣交集之處。在我們開始要打造你的投資組合時，這可能會成為你新計畫或專業機會腦力激盪的起點。在所有的便利貼都放好之後，給自己一個歡呼，然後休息片刻。

看吧，你已經有了自己的文氏圖初稿！拍一張照片，在未來幾天仔細檢視，看看是否合適。你看著它時，有什麼感覺？是不是缺少了什麼？還是剛剛好？有沒有感覺看到自己？（必要時，隨時可以找幾位喝咖啡請益的朋友們核實！）

　　久而久之，隨著你更加了解自己，這個文氏圖將會逐漸完善，也會隨著你的生活、職業發展和興趣變化有所改變。沒什麼是一成不變的。**你的文氏圖和你的人一樣充滿活力，必然會隨著你的生活歷程不斷變化**，增加更多的經歷，淘汰不再適合你的事。當你感覺合適時，我希望你能夠深入思考更廣泛的自我定義，包括你是誰、你在乎什麼，以及你能為世界做出什麼貢獻。

　　了解自己就是將你的現狀和未來目標串聯起來的第一步。接下來，你需要弄清楚所有這些元素如何相互配合：哪些圓圈能成為收入來源、哪些是愛好或志工服務？每個圓圈在你一週生活占了多少時間？你如何調整事情的優先順序、資源分配並保護重要之事？這一連串的問題將幫助你為自己的生活選擇合適的商業模式。畢竟，打造投資組合的方式不只一種。

Chapter 5
為你的生活設計商業模式

你的一生中將會有許多不同的生命歷程，有些結局可能很糟糕，但你經歷過的每個地方，愛過或愛你的每一個人，你的每一段人生經歷，都造就了你這個人。你還在不斷地學習成長來塑造自己，繼續努力吧。

──美國詩人瑪姬·史密斯（Maggie Smith）

　　我成長過程中的家境並不富裕。我的母親是一位單親媽媽，帶著兩個孩子，我的祖父母靠著退休金和微薄的社會安全福利，也盡可能為我們提供援助。我們一家人住在一個分層式住宅裡，屋內地板鋪滿了一九七○年代紅色長毛地毯（注意：我不是在那個年代長大的），這地毯……看起來就那樣。

　　由於家境並不富裕，我沒有太多機會學習個人理財或各種不同的債務和投資工具，我只知道信用卡、支票和儲蓄帳戶、現金。每次快到月底時，家人會在這些帳戶之間調度資金，以確保我們不會挨餓，然後在發薪日到來時，再試著讓一切恢復正常。你可以說這些工具構成了我們家庭的財務組合，對我們來說，大多時候都發揮了作用（直到 2008 年金融危機爆發，突然一切都崩潰了，但這又是另一個故事了）。

　　因此，在我大學畢業後開始第一份工作時，我做了我知道的事：把

一點錢存入和支票帳戶同一家銀行的儲蓄帳戶，同時把預算中任何多餘的錢都先拿來償還我的就學貸款。我會盡量避免使用信用卡，除非遇到像昂貴的汽車維修之類的重大意外開銷。我從來沒想過要找機會把錢投資於共同基金或開設退休帳戶。當時我才二十一歲，對於理財幾乎一無所知，直到上了商學院，我才真正看到了財務投資組合的可能性。

這並不是一個罕見的故事，我們當中有許多人都是透過觀察父母、朋友的家庭或社區團體，來了解關於財務和職業道路的事。因此，你認識的人當中，不管是不是每個人都有一份穩定的工作，還是都在做不穩定的輪班工作，抑或是充滿抱負、不斷地努力工作追求升遷機會，這些將成為你對於職業生涯的基本認知。然而，你對於個人財務管理或職業規畫的基本概念，很可能已經過時了，就像我幼時家中的紅色長毛地毯一樣。

因此，在本章我們將探討三種常見的工作組合商業模式：兼職型（moonlighters）、彎曲型（zigzaggers）和多重專業型（multihyphenates），並深入研究每種模式的機會和權衡取捨（本書第三部將深入解析你可能仍然遵守但早已過時的財務建議）。

雖然投資組合人生關注的重點超乎你透過什麼（如何、何時）來實現財務收益，但你確實得應付生活開支。你對工作型態的商業模式選擇，將會影響到你對其他的組合（如興趣、人際關係、社區服務和自我照護）投入的時間、彈性和金錢。

啟動商業模式，幫你過想要的生活

商業模式是一家企業成功運作的總體設計，包括確定公司賺錢的方式（如產品、收入來源、成本、物流），以及需要匯集哪些資源（如團

隊、資本和合作夥伴等）才能實現這個目標。建立一套商業模式有很多種方法，但核心細節是一致的，要思考這些問題：你提供什麼產品、提供對象是誰、他們願意為此付多少錢、這個價格能不能使你獲利、你需要哪些資源或協助才能成功？

你可能對於將生活視為一種商業模式的想法感到不舒服，認為這是商學院教授噁心的資本主義思維，但請聽我解釋。**了解誰會願意為你想提供的技能服務付費、願意支付多少錢、這個價值是否大於你工作付出的努力和成本，這是很重要的分析，能夠幫助你建立一個充實又可持續的生活。** 如果不談論報酬，或是不以創意方式思考我們如何影響商業模式的各個要素，我們最終可能只得選擇過一種由他人定義的生活。

比方說，做為一名作家有多種不同的商業模式可供選擇。一個極端的選擇是成為全職作家，這代表自己經營自己，大約每年出售一份書稿或書籍提案。這種商業模式意味著透過預付款或版稅（或兩者兼有）獲得報酬，這種收入來源並不穩定，每本書之間的變化很大。另一個極端的選擇是，從事以文字為核心的工作，有比較可預測的收入來源，雖然這當中還是存在著廣泛的可能性：從新聞業到內容行銷，再到撰寫非營利機構補助申請或學術研究等，寫作的內容和「客戶」提供非常不同的薪資報酬、工作環境、自主權和成長機會。而介於這兩種極端之間還有一些模式是，寫作是你其中一部分的工作，或是一個重要的副業，但並不是你唯一維持生計的方式。

每一種模式都各有利弊，在不同情況下滿足不同的需求，你可以根據自己當前的需求來選擇適合的模式。讓我們來看看三種常見的投資組合人生模式，和實際的應用。

模式一：兼職型

第一種模式可能是你最熟悉的：兼職工作。兼職工作者會有一份主要的（通常是全職）工作，再加上其他一兩個在夜晚和週末等空閒時間從事的次要活動。比較傳統的「正職工作」使財務穩定，而業餘時從事的活動則是提供了創造力、社群、成長或多樣化收入來源。對某些人而言，兼職工作是他們整個職業生涯一直採用的模式，對另一些人來說，則是轉向彎曲型或多重專業型的過渡階段。無論哪種情況，都是嘗試新事物、帶來額外收入、保持業餘的興趣和接觸社群的機會，或以上皆是。

兼職 VS. 副業

兼職和副業有何不同？我認為兼職是一種選擇，願意花許多時間和精力從事的業餘活動，不見得是為了賺錢，可能是小規模的創業、熱衷的愛好或志工活動。可能不見得會帶來經濟收益，但會帶給你日常工作無法滿足的成就感，你可以自行決定要投入多少時間精力。反之，副業（side hustle）一詞常用來指稱為了維持生計而需要從事的第二（或第三）份工作，這個詞源於黑人文化，一個多世紀以來一直用於描述在不公平的體制中求生存的工作。[1] 現代資本主義將「奮鬥文化」（hustle culture）重新包裝成一種美德，掩飾了勉強維生的微薄工資和對許多美國人而言並不理想的經濟模式。但正如霍華德大學（Howard University）尼安比・卡特教授（Niambi M. Carter）說，「當你是自己選擇拚命，而不是受環境所逼時，就會不一樣。」[2]

在什麼情況下適合選擇兼職模式呢？通常，這種模式適用的對象是工作產業比較不穩定、報酬較低或需要長時間才能通往成功的人（毫不意外，創意領域通常屬於這一類，如電影製作或樂團演奏等等）。選擇一份「還不錯」的工作以提供經濟穩定和規律的工作時間表，會讓兼職工作者安心去追求他們業餘活動。

貝瑟尼‧巴蒂斯特（Bethany Baptiste）在佛羅里達州傑克遜維爾（Jacksonville）長大，她熱愛南方的美食和故事。[3] 十六歲時，她因慢性病而從高中輟學，參加了普通教育發展（GED）夜間課程，白天則致力於創作科幻和奇幻小說。多年來，她完成了幼兒教育的副學士和學士學位，寫作也從愛好發展成了職業夢想。但她知道作家這個行業是一條曲折的道路，她需要有比寫作本身更穩定的生計來源。

因此，她開始了教書的職業生涯，很快看到講故事的機會：「我四年級的學生不喜歡閱讀，因為他們沒有看到與自己相似的角色。」於是，她開始寫一個故事，是關於黑人男孩、祕密政府機構、地下外星人社會，和一隻名叫獠牙的狗。她每完成一章，第二天就會向學生們朗讀，並獲得聽眾的即時反饋。不久之後，她完成了第一本中年級科幻小說，第二本的創作點子也開始在醞釀中。然而，一連串的個人變故和全球事件一再干擾她的出版計畫。貝瑟尼繼續教學工作，也不斷提升她的寫作技巧，同時生活其他方面逐漸步入正軌：她訂了婚、買了一棟房子，還收養了三隻狗。四年後，她與有特殊需求和殘障學齡前兒童的家庭和教師合作的同時，也找到了一位文學經紀人，目前正在努力達成出版協議。

在轉換職業跑道期間，兼職模式也是很有幫助的選擇，當人們想要**逐步提升在新領域的發展**時，可能會希望透過將以前的全職工作改成兼職，以慢慢適應這種轉變。無論是在過渡時期提供一些收入，還是在重大變化

時期保持與相關社群的聯繫，這種模式都可以在你最需要時提供穩定性和彈性。

　　珍妮佛 - 露絲·格林（Jennifer-Ruth Green）則是採用不同風格的兼職模式：她沒有追求不穩定的兼職工作，而是保留自己的關鍵身分，將兼職視為從空軍生涯退出的管道。身為第三代軍人，她原本以為自己會在軍中服役一輩子。從高中的美國預備役軍官訓練團（ROTC）到美國空軍學院（US Air Force Academy），再到畢業後被任命為少尉，開始飛行員職業生涯，她一直走在軍事領導的發展道路上。然而，在成為飛行員的培訓過程中，她意識到自己不是一個完美的飛行指揮官人選，也許她對調查新聞的興趣和一生對語言的熱愛可以運用在情報工作中，因此，她轉到特殊調查局，被派往巴格達作一名聯邦特工，協助伊拉克政府接管該地區的安全工作。

　　到了 2012 年，美國空軍開始減少兵力部署，準備要從伊拉克撤軍，珍妮佛 - 露絲發現自己突然間面臨全職服役的轉型。然而，她並沒有完全脫離，去追求另一個不相關的職業，而是選擇加入加州空軍國民警衛隊（California Air National Guard），成為警衛隊員，同時報讀研究所，攻讀教會事工碩士學位。畢業後，她搬到印第安納州在一所教堂服務，並繼續在當地的空軍國民警衛隊服役。後來，她的兼職任務與日常全職工作突然變得密切相關：在巴西的一次宣教之旅中，她發現缺乏飛行員，阻礙了志工人員在亞馬遜偏遠地區分發物資和援助。因此，她重新取得飛行員執照，並開始訓練其他有使命感的學生和年輕人掌握航空技能，她創立一個非營利組織機構（MissionAero Pipeline），致力於為青少年提供航空、品格和職業培訓。

　　在兼職模式中最明顯的壓力就是時間管理。由於你已經有一份全職

工作，再加上其他如朋友和家庭的責任，會發現兼職活動很容易就占滿你的時間，讓你無法好好休息（更別說有任何緩衝時間應付出錯的狀況了）。這就是現代的「奮鬥文化」，一不小心可能就會悄悄影響你的思維方式。休息是你的投資組合人生很重要的一部分，但總是會和兼職者的其他活動時間衝突。

因此，許多成功的兼職者會選擇一份相對可預測的全職工作，有固定和明確的上下班時間。有時候，他們會期望全職工作能滿足兼職無法滿足的需求，像是穩定的收入和不錯的健康保險，並不會太在意這份工作是否缺乏創意或成長的機會（畢竟，像愛因斯坦也熱愛他在瑞士專利局的全職工作，因為薪酬高，也不會太傷腦筋）。[4] 此外，也有研究支持這樣的觀點，認為兼職活動其實能讓人在全職工作中表現得更好：透過兼職得到心理上的安定感，可以使人對自己的全職工作有更積極的感受（在全職角色中，他們可能缺乏自主權或成就感）。[5] 換句話說，遵循兼職模式的人會珍惜自己「還算滿意」的正職，因為這使他們得以追求自己其他方面的興趣和愛好。

這種模式需要權衡取捨，你的兼職活動可能偶爾會需要暫時停止，或被降低優先順序，就像貝瑟尼因個人生活突如其來的狀況，不得不暫時擱置出版希望。這種模式需要彈性、適度規畫和自律，才能避免過度操勞而順利實行。因此，有必要發展一些操作系統來追蹤所有事情（本書在第三部會詳細介紹），同時在出狀況時也要對自己寬容一點。自律只有在寬待自己的時候，才能真正發揮作用。

兼職模式另一個需要考慮的因素是，你的「全職工作」是否有明文規定禁止額外收入，或是要求在職期間所開發的任何知識產權均歸公司所有。仔細檢視你的僱傭合約，不要害怕尋求律師的建議，以確保你沒有違

反自己的義務。如果存在合約問題，不妨主動與人力資源部門溝通，看看他們是否會給予你特例（必須以書面形式確認！）。針對這一點，最好的辦法是事先徵求許可，而不是事後尋求寬恕。

如果符合下列情況，兼職型可能適合你：

- 你想投入一個風險很高、不穩定或薪資報酬不高的領域，但你沒有家族財富做為堅強後盾。

- 你喜歡有一份「還算不錯」的工作，提供穩定性和其他福利，同時還可以讓你有時間和精力來從事業餘活動。

- 你有興趣學習新的技能或認真發展新的愛好，而不必考慮要從中賺錢的壓力。

模式二：彎曲型

彎曲型指的是跨學科或領域轉換的一種模式，亦即在看似無關的行業和職能之間大幅轉型。彎曲型工作者有時被不公平地批評為「輕率」，他們（大多時候）依次追求自己不同的興趣，即使這些選擇在外界看起來似乎不合常理。

不同於兼職者單純地從事業餘活動，彎曲型可能更具挑戰性。我們在追求職業發展時都會投入大量的時間、精力和金錢，而要轉換到一個完全不相關的領域，需要有勇氣放棄一開始選擇的道路，投入到新的領域（正因如此，彎曲型工作者通常先以兼職方式在新領域中取得進展，然後才全

力以赴，就像第 3 章提到的傑森・哈海姆從奈米技術轉向古典定音鼓的發展過程）。但這種模式有一個巨大優勢：彎曲型工作者**為兩個領域帶來跨學科的連結和聯想，可以幫助他們脫穎而出**，從長遠來看，彎曲型模式會使他們更加成功。

凱瑟琳・詹寧斯（Catherine Jennings）在決定放棄中學自然課教師的第一份職業改行當一名醫生時，經歷了一些彎曲轉換過程。她在田納西州諾克斯維爾（Knoxville）長大，一直對生物學和舞蹈有濃厚的興趣，把時間都花在排練室、實驗室和騎馬場之間。大學時期主修舞蹈和生物學雙學位，而一次背部受傷使她的舞蹈暫時中斷。暑假的游泳教學使她意識到自己多麼喜歡與孩子們一起學習，因此，她決定像她母親一樣專注於教育，最終在田納西大學獲得學士和碩士學位，並取得教師證書。

凱瑟琳在她的家鄉學區找到一份教七年級學生自然課的工作，後來開始感到沮喪，因為許多提高教育品質的方法都不是她能掌控的。這些問題包括學校董事會或州政府在資金方面決策，以及孩子們面臨的社會和情感因素使他們無法在課堂上專注學習。在公立學校奮鬥了七年後，她決定轉向布魯克林的一所私立學校，也許在不同環境、不同的條件限制下，她會感覺自己正在從事命中注定的工作。

她在布魯克林教書很愉快，享受私立學校的教學資源和發展機會，但內心仍有一些困惑。經過幾個月的反思，她終於意識到自己缺少什麼：她熱愛教學，但總覺得沒有充分發揮自己的才能。「我決定成為一名教師有多方面的因素，但主要是受到保守的南方社區對年輕女性社會期望的影響，」她告訴我說：「我想要兼顧家庭和事業，而我認識大多數同樣處境的女性都是教育工作者，所以我把對醫學的渴望放在一邊，因為我認為教學是個更『合適』的選擇。」然而，經過十年的教學之後，她夢想著成為

一名醫生。

　　於是，凱瑟琳決定實現這個夢想，在與女友、父母和她最好的朋友（也就是我）討論之後，她辭掉了工作，在三十四歲時就讀哥倫比亞大學的學士學位後進修課程，專門為有志從事醫學但沒有大學先修課程基礎的人開設的。這個為期兩年的課程是一種比較低成本的方式，讓她可以驗證這條新的職業方向（當然不是零成本，因為她不得不辭掉工作，並申請貸款支付這兩年的學費和生活費）。不過，在決定是否全心投入四年的醫學院和三到七年的住院醫師專業培訓之前，這使她能夠先測試自己的技能和興趣。

　　凱瑟琳在她的課程中表現相當出色（沒錯，我有私心，但學校邀請她發表畢業演講，顯然證明了我是對的），她獲得獎學金，繼續就讀哥倫比亞大學醫學院。在學校，透過學生經營的初級醫療和性健康診所，她熱衷於為同性戀者和資源匱乏的人提供服務的機會。雖然她比大多數監督她專科輪替的住院醫師年長，但她發現自己的第一份教師職業並非錯誤決定，也絕非浪費時間，反而賦予她許多能力，像是更容易與患者建立情感聯繫、將複雜訊息拆解成易於理解的片段、並將自己所知與同學和同事分享。她堅定地表示：「我了解到，教學的核心在於提供人自主學習的工具和實踐方式，給他們一個終身學習的旅程。」凱瑟琳即將邁入四十歲，也將展開第二份職業──當醫生，而這個看似不可思議的「彎曲發展」，其實正是她取得成功的必經之路。

　　彎曲型的另一個巨大優勢是什麼呢？就是使你能夠退出正在走下坡或受到破壞的組織或產業，將自己的技能轉移到其他更有前景的領域。

　　羅伯特・朗博士（Dr. Robert Lang）正是如此，他放棄了備受讚譽的物理學家和工程師職業，成為一名全職摺紙藝術家。身為一位研究科學家

和研發經理，他曾在 NASA 的噴射推進實驗室、Spectra Diode 實驗室、和 JDS Uniphase 工作，是半導體雷射、光學和集成光電子學方面的專家。在二十多年的學術工作中，他發表了八十多篇技術論文，他的創新成果也榮獲近五十項專利。

然而，受到 2001 年網際網路泡沫化的影響，他的工作從製造產品轉變為解雇員工，他已經準備好將對半導體的關注，轉移到複雜摺紙藝術創作和數學美學中。「當時我在工程領域發展期間已經寫了六本教學指南，教人如何摺疊我自己設計的各種摺紙造型。我是在全職工作、照顧家庭的同時，利用晚上、週末和其餘空檔時間完成這些書的。」他告訴我（他曾經是個兼職型工作者！）。但他萌生一個念頭，想寫一本關於如何設計原創摺紙的書籍，而不再只是執行他預先設計的造型。經過十年的思考，這本書一直沒有太多進展，他最終得到的體悟是，除非他全職投入其中，否則這本書永遠不會有完成的一天。「在權衡了網路泡沫化帶來的正負面影響之後，我決定，無論我在雷射物理學上可能帶來什麼成果，世界上肯定有很多其他雷射物理學家可以取代我，但我真心覺得我是唯一能寫那本書的人。」

羅伯特在六歲時首次接觸到摺紙藝術，到了高中和大學期間，他對這門藝術的興趣逐漸加深，成為他紓解學業壓力的一種方式，即使在攻讀博士學位和早期的職業生涯中，摺紙仍然是他認真投入的業餘愛好。然而，他在設計和摺疊技巧方面的數學突破在摺紙界引起轟動後，使他決定全心全意投入這條新的專業道路。在過去的二十年裡，除了創作獨特的摺紙作品外，他還開發了電腦軟體，以演算法設計新的摺紙造型，開發了雷射器以協助進行複雜摺疊時的紙張切痕，並且在工業設計中找到了他作品的實際應用，優化各種物品的摺疊模式，從汽車安全氣囊到可展開的太空望遠

鏡再到醫療設備。

　　採用彎曲型模式肯定存在著壓力和取捨，取決於轉換的領域之間有多少重疊，你可能會感覺自己好像過著雙重身分的生活，在午休或下班後，從一個身分切換到另一個身分，以便在全心投入新領域之前先提升自己的能力，就像羅伯特在全職物理學工作之餘寫摺紙書一樣。時間管理非常重要，這種模式在轉換期間需要真正的專注和規畫，可能會有一段時期比較忙碌，沒有多餘的時間和精力去做其他你喜歡的事。或者，如果你辭掉第一份工作，準備過渡到第二份工作，財務上可能會比較吃緊，就像凱瑟琳上醫學院時面臨的情況。但請放心，這些過渡期是暫時的，一旦你成功轉換跑道，將重新獲得喘息空間，專注於單一角色。

　　這種模式的另一個重要挑戰是，你需要擬定一個有說服力的故事，解釋清楚你為什麼要轉換跑道、你是怎麼辦到的，因為外界可能無法理解。你必須明確地將點與點連接起來，讓潛在雇主、合作夥伴或投資者明白，你在之前工作領域的經驗事實上會讓你在新領域中表現得更出色（我們將在第三部花一整章的篇幅協助你講述個人故事）。

如果符合下列情況，彎曲型可能適合你：

- 你真心希望結束目前的生活形態，大膽跨足進入全新領域。
- 你有足夠的資源、時間和決心提升自己在新領域的能力（或是在過渡時期能夠同時兼顧兩者）。
- 你能夠找到敘事線，將你不同的興趣追求連結在一起，幫助外界理解你為何轉換跑道，以及你為此帶來的獨特觀點。

模式三：多重專業型

　　彎曲型工作者是一次全心全意投入到一個主要領域，而多重專業型工作者則是在同一時間投入多個領域，無論是同時從事多項工作，還是將兩個（或更多）領域合併成一個全新的工作方向。他們會在各個專業興趣上更平衡地投入精力，不像兼職者以全職工作為主，業餘活動往往退居次要地位。多重專業型工作者面臨的挑戰是，如何將他們的興趣結合在一起，這通常需要**打造個人獨特的職業路徑**，而不是遵循已經鋪好的道路。

　　凱特‧穆斯塔泰亞（Kat Mustatea）是一位劇作家和技術專家，她在哥倫比亞大學學習哲學，並在普瑞特藝術學院（Pratt Institute）學習雕塑，曾擔任過軟體工程師和產品經理，在柏林成立了一個劇團。十多年來，她同時過著兩種生活：創作劇本並且在紐約、芝加哥、柏林和奧斯陸等地演出，同時為世界各地的新創企業開發程式碼和建立技術產品。我 2013 年第一次見到凱特時，她面臨的挑戰是該不該讓人看到她生活的兩種面貌。在網際網路還沒出現之前，她可以準備針對特定行業的簡歷，讓自己的工作有所區隔，然而，如今在只有一個 LinkedIn 帳戶、簡單的 Google 搜尋時代，這似乎不太現實。那麼，各個社群對於她跨學科的職業會有何看法呢？是不是會認為她對任何一方都不夠專注？

　　凱特決定坦誠地講述一個整合的故事，而在撰寫這個故事時，她發現了一個建立完整職業生涯的機會。她告訴我：「那時我突然頓悟，發現我的劇本本來就是關於怪異荒誕的事，像是人類變成蜥蜴等，其實可以用尖端技術來自然表達，而這些技術本身就是怪異荒誕的。」凱特意識到，她最擅長的這兩件事，之前看似截然相反，實際上有其重疊之處，開啟了創造全新事物的契機。

將這兩個領域融合了幾年之後，她受邀加入 TED 創意知識社群，並在藝術與技術的交集處創作了一系列作品，探索智能機器時代藝術創作的意義。她觀察到：「事實證明，雖然幾年前這種重疊被認為是非主流、晦澀的，但現在卻成了快速發展的領域，我只是在成為主流之前找到了自己的路。」她多重專業身分的經歷使她成為新興領域的專家之一，這是她在幾年前無法預料到的事。

　　泰勒‧索雷社（Tyler Thrasher）是另一個多重專業身分的例子。他在密蘇里州立大學修讀電腦動畫學位，離畢業只剩三個月時，一位客座演講者改變了他的人生（但並非以你預期的方式）。

　　系上邀請一位專業動畫師來幫助學生了解他們即將踏入的行業，聽完演講之後，泰勒知道他必須要走一條不同的道路。「這位講者毫無保留地告訴我們這是一個非常緊張、幾乎是折磨人的藝術領域，可能也是一份沒什麼回報的工作。還有所謂『動畫師的寡婦』（animator's widow）——指的就是動畫師很難維繫健康的人際關係。」

　　然而，泰勒並不想改變主修延長在學校的時間。因此，在剩下的三個月裡，他仔細審視了自己的技能和興趣，決定以科學藝術家的身分走出自己的路。受到奧扎克山區（Ozarks）天然洞穴的啟發，並透過自學化學和分子幾何學，他開始在像死蟬、藤壺和頭骨這樣的有機物上培育結晶。畢業時，他已在網上售出了幾件獨特的雕塑品，幾個月後又賣出了更多作品。現在，泰勒在奧克拉荷馬州塔爾薩（Tulsa）以全職科學藝術家的身分謀生，與妻子和兒子一起在那裡生活。

　　多重專業型工作者會告訴你，同時跨足兩個（或多個）領域，讓他們覺得自己的工作非常充實。但是他們也會提醒你要做好心理準備，有人可能會質疑你是否能同時專注於不同的領域還有出色的表現。我發現，如

果你的投資組合有一部分是傳統工作，而另一部分是自主或創意性質的工作（例如，像凱特一樣在科技公司擔任軟體開發人員，同時寫作和製作戲劇），最容易受到這種質疑。本來可能被視為人之常情的小錯誤或溝通失誤，例如漏掉一封重要的郵件，可能會突然成為證據，代表你沒有「全心投入」，無論商業界設定的標準有多麼不切實際且難以持久。

如果你選擇採用多重專業身分的模式，就需要找到支持你各種工作的同事，或至少要有足夠的理解，讓你能夠坦然地談論這些工作對彼此的影響。我曾經擔任過一個公司職位，我一開始沒有與同僚討論過這些事，當我的 podcast 突然受到關注時，公司有點驚慌失措。我沒做錯任何事，沒有違反就業合約，也沒有任何欺騙隱瞞……只是他們沒想到我在公司外還有一個公眾角色（老實說，公司並不喜歡）。正因如此，從那時起，我在面試時總是會先提起這一點，如果公司不歡迎員工在工作之餘還有其他身分，我會放棄那些工作機會。我注重多方面溝通，要讓人們知道我正在進行不同的活動，而這會使我在主要工作上表現得更加出色。

以下是支持這種工作方式對你的同事和合作夥伴可能帶來正面影響的最佳論點：**許多在多元發展之間取得平衡的人發現，遠離一種思考和工作方式一段時間，會讓他們精神飽滿，在切換回去時更有動力繼續下去。**

梅麗特・摩爾博士（Dr. Merritt Moore）是美國芭蕾舞者暨量子物理學家（真的，你沒聽錯！），過去十多年來，她在世界各地國家芭蕾舞團中擔任專業舞者，同時也在哈佛大學和牛津大學等地從事量子光學研究。她認為，這兩個世界的極端差異以及定期在兩者之間切換的機會，是她在兩個領域都取得成功的原因之一。她說：「我在思考物理幾個小時後，大腦會變得很疲憊，因此，當我走進舞蹈工作室或登台演出時，我很慶幸有這個機會。而當我從舞蹈回到學術界時，也很高興可以整天坐在圖書館

裡，讓我疼痛的雙腿得以充分休息，真的，我的腳趾都長了水泡，拜託，讓我好好坐著多讀幾個小時的書吧！」就像那些透過長時間運動或參與社區志工服務來恢復活力的人一樣，多重專業身分的人利用自己多元的專業領域來放鬆和重新充電。

在多重專業身分模式中，還有另一種壓力需要注意，這影響到那些想將各種不同興趣融合成全新的跨學科領域的人。雖然這種方法可以使你成為該新領域的指標人物之一，但在世界跟上你的步伐之前，也可能讓你感到孤獨、充滿挑戰，同時在財務方面感到挫折。無論是因為資助者和投資者不明白你在做什麼，或是申請表上根本沒有可勾選的選項，抑或是別人不知道有像你這樣的人，這可能都會是一條比較漫長又彎曲的道路。

在這個新方向開始產生經濟效益之前，你心煩讓自己身邊充滿必要的支持力量和資源，包括合作夥伴和支持者，還要有足夠資金支付房租或還貸款。

如果符合下列情況，多重專業型可能適合你：

- 你感到有必要將自己的時間和精力相對均衡地投入到兩個或多個領域。
- 你看到了多個領域之間的結合可能會創造出全新的職業方向，而你也願意成為開闢這條道路的先驅。
- 你能夠與管理者、同事和合作夥伴充分溝通，使他們明白你在其他領域的工作有正面效應，而不是一種干擾。

打造你引以為傲的生活

史黛西・艾布蘭斯（Stacey Abrams）可能是現今最著名的投資組合人生的範例之一。她曾是一名民選官員，將來也可能再次出任官職，她在多個領域中孜孜不倦地工作，如倡導反對選民壓制、制定南方地區的政策倡議、因應疫情恢復問題，同時撰寫言情小說。她稱自己的行程安排像是「工作生活疊疊樂」，但她並不想有其他方式，她表示：「我無法放下其中的任何一項，因為全部都是我的一部分，而且彼此互相支持。」[6]

在成長的過程中，她記得母親告訴過她，她必須要專注一點，否則就會變成「萬事皆通，卻無一專精」的人。然而，她並沒有因為自己多元的興趣而受到責備，反而是聽到，想要過這種生活，她必須在自己選擇投入的每一件事上都表現得非常出色：「我一直對自己的多重身分感到很自在，無論是我創意的一面、行動主義者的那一面、我的政策部分、還是我內心熱情的那一面。我不會浪費太多時間思考這些衝突。我的責任是找出如何兼顧一切，不是將之合而為一，而是融入我想過的生活，並為此感到驕傲。」

這話說得實在是太好了。

這三種模式並不是建構投資組合人生的唯一方式，但卻是很好的起點，有助於你思考如何打造適合自己的商業模式。你想把哪些技能和興趣變成賺錢的機會？哪些更適合當成愛好或志工活動？當你準備跨足另一個領域時，你的文氏圖某一部分的經歷如何讓你在另一部分取得成功？身處多個領域當中，你是否有獨特的觀點，使你能夠成為開創全新領域的先驅？你工作服務的「客戶」是誰，是否有擴大或多元化客戶群的機會，進

而使你獲得更多的掌控力、穩定性和收入？你的商業模式中是否有預留休息時間？

隨著我們進入第二部的最後一章，你將要開始打造個人的投資組合，不妨花一點時間回顧你已經取得的進展。你在探索真實自我的過程中，尋求了他人的意見，不僅了解自己在同儕中的優勢，也知道你何時感到最快樂，和可能有哪些隱藏的超能力。你已經跳脫出狹隘的職位頭銜框架，建立出更能展現你豐富身分的文氏圖。同時，你也探討了如何建立一個可持續的生活商業模式，分析三種常見方法。現在，我們準備進行最後一步：勾勒出你的投資組合。

Chapter **6**
製作你的投資組合

我今天早上還知道自己是誰，但從那之後已經變了好幾回了。

——路易斯・卡羅（Lewis Carroll），《愛麗絲夢遊仙境》

有很多方法可以打造投資組合人生。然而，從更高層面來看，主要目標是要善用你文氏圖中的技能、人脈和興趣，設計出一種能夠充分滿足自身需求的生活方式，結合工作、社群、愛好、志工服務和個人時間（包括休息！）。你無法同時完成所有事情，即使是碧昂絲一天也只有二十四小時，但你要能夠在任何特定時間對你首要關切之事取得進展。當你的主要事務或需求轉變時，你可以重新平衡或重建你的投資組合。就像財務顧問會建議你隨時重新平衡金融投資組合（例如，隨著年齡增長，可以調整退休計畫，將股票換成債券，以確保退休投資基金的穩定性）。當你搬到新城市、與戀人分手，或是孩子們畢業離家使你進入空巢期，你應該重新平衡你的投資組合人生，視為人生新篇章的起點。

最後的這項練習會受到兩個重要問題的引導：首先，**你對生活有什麼願望？**不要以你的學歷、目前從事的工作或孩童時期的願景想像為起點，

而是要從個人的願望開始。這不僅僅是關於工作或職業前途，而是攸關你的人生。當你想像自己未來六、七十年以後的生活，你希望經歷什麼？你想實現什麼目標？你想深入了解誰？你想成為什麼樣的人？你想留下什麼足跡？這個探索要著眼長遠，你當然不可能在此時此刻或今年就完成所有事情，然而，從願望開始，讓你能夠放寬視野、大膽夢想，確保你不會讓生活局限於當下自覺可行的範圍內。

第二個問題同樣具挑戰性：**你需要哪些支持才能展現出自己最好的一面？**這個問題的答案顯然因人而異，有些人可能需要自由、冒險和成長，而有些人可能需要安全感、可靠性和社群支持。每個人的答案也會隨時間有所變化，二十歲時需要的，可能與三十五歲或五十五歲時需要的截然不同，這是可以預料的：隨著個人的生活發生變化，需求也會跟著改變。因此，職業、個人興趣、家庭和朋友之間的組合，將隨著這些優先順序的變化而不同。因此，我們現在開始制定你的投資組合只是一個起點，沒有正確的答案，這只是此時此刻最適合你的答案。

一旦你了解自己的願望和需求，再花一點時間反思你目前的時間分配狀況，你可能會驚訝地發現，你想要投入精力的地方，和你每天實際在做的事情之間，存在巨大的落差（或者，你也許並不訝異，你很清楚目前的職業並不是你想走的那條路）。看清哪些活動符合你的願望和需求、哪些對你並無益處，是自我評估哪些方面需要保留或改變很重要的一步。

總而言之，你將動筆在紙上為你的人生繪製出投資組合：你將思考該如何結合工作、人際關係、個人時間、愛好、志願工作和社區活動，才能滿足你的需求，逐步達成你的願望，並給予你渴望的穩定性和持續性。

第一次執行這個過程可能需要半天時間（如果你有辦法空出一整天專注於此那就更好了！）將來，當你的生活發生變化，需要重新進行這項

練習時，可能只需要一兩個小時來更新和微調就可以了。請記住，這不是一次性的活動，而是一個值得信賴的工具，可以一次又一次地運用，確保你過著理想的生活。現在，拿出一疊便利貼，讓我們開始吧！

步驟 1：寫下一百個願望

第一步是我從兩位才華洋溢的用戶體驗設計師那裡借來的，他們將這個方法運用在截然不同的情境：陶特維達斯・吉利斯（Tautvydas Gylys）和他的女友用來「配對設計」兩人的關係，而西梅娜・文戈艾切亞（Ximena Vengoechea）則以此展開她的「人生審核」，她將這個過程形容為「靈魂的春季大掃除」。❶

遵循以下的步驟：拿一疊新的便利貼（若是你喜歡雜亂無章的話，也可以用零散的筆記紙），寫下你的一百個人生願望，不要局限於專業目標，可寫下任何你希望做到、看到、體驗、創造或想要貢獻的事情。很多人在寫到三十或四十個之後就會失去動力，但我鼓勵你繼續下去。回想你的童年和青少年時期的心願，那些不受現實條件約束的夢想，考慮那些好像感覺太過大膽、不可能實現或遙不可及的事情，直到你列出一百個願望為止。

以下是我第一次做這個練習時寫下的願望，隨意列舉一些：去七大洲旅行、投入政治競選、建立一個健康快樂的家庭、定期創作音樂、發表一

---

❶ 秉持開放原始碼的精神，兩位非常慷慨地在網路上公開分享他們的過程，如果你有興趣的話，我強烈推薦他們的文章，值得一讀！

場 TED 演講、學會烘焙美味的無麩質點心、在兩小時以內跑完半程馬拉松、寫回憶錄、最好每天晚上都能與家人共進晚餐、教我的孩子們熱愛音樂、在退休後保持健康和活躍、認識我的鄰居、擔任公司董事會成員、學會唱《夥伴們》（*Company*）音樂劇中的那首歌「(Not) Getting Married Today」、還清我的學生貸款等。你的願望可以是大膽的、愚蠢的、野心勃勃的或腳踏實地的。不要做任何評判，如果這件事對你很重要，就寫下來。

當你列舉完所有的願望之後，給自己一個鼓勵，接著，就如同我們在第 4 章文氏圖練習的一樣，開始按主題分組。找一個布告欄、空白牆壁或大桌子，在視覺上呈現分組，而不是光把內容堆疊在一起，這樣有助於進行下一步。以下是一些你可能會得到的分類範例：職業目標、健康、家庭、個人成長、財務目標、旅行、社群，和「大膽、嚴峻、極具挑戰性的目標」（BHAGs）❷等等。

按照組別分類時，你是否注意到任何嚴重的不平衡？例如，你大多數的願望是否都是專業目標，而個人發展的願望卻很少？你是否排除了任何極具挑戰性的目標，覺得太過大膽而不願將之列入其中？你是否完全忽略了健康或財務的願望？必要時，請花一兩分鐘再補充一些願望。這個初步掃描可以讓我們仔細檢視可能忽視了生活中哪些部分。

最後，我們要為願望加上一點時間安排：這些願望我們能夠或想要立刻行動、不久之後就執行、還是等到將來某一天再去做呢？拿三種不同的螢光筆做記號，在每個願望上留下一個點代表時間。我喜歡使用綠色（立刻）、黃色（不久之後）、和藍色（將來某一天？），但你可以選擇任何對你有效的三種顏色。❸

步驟 2：記下重要需求

　　暫時擱置你的願望，拿出一張新紙或另一疊便利貼。回想你生活中最快樂、最滿足或最平靜的時刻。什麼情況下讓你發揮出最好的一面？你當時有什麼？缺少什麼？盡可能地記下這些因素。有些你或許可以立刻指出，而有些可能需要進一步挖掘。

　　以下是我的一些想法，或許能啟發你的思考：可靠的高品質托兒服務、對自己的收入有清楚的了解（收入不穩定也沒關係，只要我能合理預測現金入帳的時間）、有至少連續六個小時的充足睡眠、有足夠的資源照顧好飲食和健康。這些是最基本的需求，也是很好的開始。但在進行這項練習時，我發現還有一些其他因素能讓我處於最佳狀態，像是：掌控行程、與同事或同業組成社群定期分享交流、有私人安靜的工作空間，以及在一天／一週／一年之中多樣化的工作。朋友和同事們也分享了一些他們的需求，包括緊密團結的社群，可以相互支持和學習；每五年左右有一次長達三個月的休假；有需要時可在家工作的彈性；可預測的工作時間表，以便規畫和管理家庭責任；接近大自然（假植物不算！）。

　　當你寫下了一堆豐富的需求之後，請仔細檢視內容使其更完善。記得具體一點！例如，不要只寫「足夠的錢」，而是給個明確數字，不光只是「足以維持生活」，而是數字要多少你才能得到安全感？你的「良好工

---

❷ BHAGs 是 Big Hairy Audacious Goals（大膽、嚴峻、極具挑戰性的目標），這些目標你幾乎不敢寫下來，因為實在極具挑戰性，但你還是寫出來了，因為你真的想要實現這些。（做得好！）

❸ 在這個練習中我們列舉的個人願望在下一章中也會再次用到，所以請不要丟掉！

作環境」要有什麼特點，才能讓你茁壯成長，而不是勉強應付每一天？你喜歡工作有點吃重的職務帶來的壓力，還是更喜歡一份知道自己在各方面都能有出色表現的工作？你真的喜歡管理別人嗎，還是因為這似乎是你工作升遷過程必要的部分而勉強忍受呢？在日程安排方面，你更重視可預測性還是新鮮感？

完成這一步之後，你應該有了幾個清晰明確的需求，或許，還有一些「如果有就太好了」的需求讓你覺得自己很棒。越是具體，就越能確保你的投資組合都能滿足這些需求。

雖然你的願望可能不會改變，或是隨年齡而增加一些，但你的需求卻可能會因為生活改變而發生了戲劇性的變化。比方說，你年輕單身時的需求，和到了中年得照顧孩子或年邁父母時的需求，可能截然不同。也許你剛從大學畢業時最需要的是成長機會，而在有了孩子之後，需要的卻是時間彈性（和優質的醫療保健）。當你跨越人生不同的階段時，務必重新思考你下一個階段最重要的需求是什麼。

步驟 3：檢視你的時間
- - - - - - - - - - - - - - - - - -

接下來，我們需要仔細檢視目前的時間運用狀況。對許多人來說，每天的生活是由一些必須做的事、想做的事，和一些可能只是出於習慣而做的事組成的。這一步的目標並不是要找出生活中的清醒時刻，然後將這些時刻變成以提高生產力為目標的惡夢場景，這裡只是要了解我們目前如何運用人生最寶貴的資源，也就是時間。老實說，自認為正在妥善運用時間，跟實際上花時間在做的事，兩者之間的差距總是令我感到有點驚訝。不管是把時間浪費在對生活毫無意義的外務上（嗯，社群媒體），還是把

時間用來滿足他人的優先事項（嗯，電子郵件的壓迫），或是沒有分配足夠時間來完成我說想要完成的事，我說的和我做的，兩者之間的差異有時候非常明顯。

如果你每一週的行程安排都相當規律，你可以選擇最具代表性的一週來分析。如果你的生活比較多變，可能需要選擇幾天或幾個星期來清楚呈現你的時間運用模式。別忘了納入你的工作時間和個人生活、與朋友和家人相處的時間、運動、探索新的興趣，以及真正放鬆的休閒時間。不要忘記囊括那些你可能通常不會記在行事曆上的事情，例如你每天上下班通勤時的語言學習，或是聽你最喜愛的科學 podcast 的時間。

現在，計算你一週每項活動花了多少時間。你可以再仔細分類，例如，可以將每天散步、運動和每週一次的陶藝課歸類為「自我關懷」，或者將體育活動歸類為「健康」，將課程歸類為「個人成長」。將各個類別的時間加總之後，拿出一張紙，畫出圓餅圖，協助你視覺化你的時間，以下是一個範例：

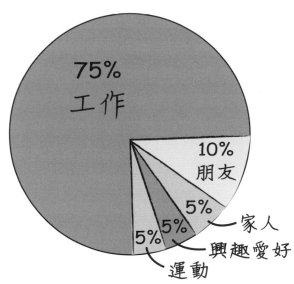

勾勒出輪廓後，仔細觀察你目前的時間運用狀況，這就是你實際的生活組合，也就是說，如果不做任何調整，你每天的日子是怎麼過的。現在，你可以清楚地看到你目前的投資組合中有什麼，你可以評估這對滿足你個人需求和實現願望的表現如何。只有在評估之後，你才能進行必要的調整，好配合你的優先要務。

步驟 4：搭配起來

現在，應該要將你時間分配中的每一類活動，與滿足的需求來相互搭配了。你可以將你的「需求」便利貼直接貼在圓餅圖的不同部分，比方說，「薪資收入」、「可預測的工作時間」和「健康保險」等需求，對應到你的「工作」活動，但你覺得「學習機會」、「社群參與」或「發揮創意」等需求可能不適合放在這裡。也許你花時間從事某種愛好，例如學習程式編碼或參加寫作團體等，這些活動滿足了你的學習和創造力的需求。或是，也許你花在清真寺的時間或在孩子學校做義工等活動，滿足了你社群參與的需求。這一步的目標是要檢視你目前的投資組合滿足了哪些需求，而哪些需求尚未得到滿足。

接下來，回頭檢視你的願望清單。你的各種願望有沒有呈現在時間餅圖上？你的整體時間分配是否大致符合你的願望分布？例如，如果你把75% 的時間都花在工作上，你的願望中是否有 75% 是專業目標？抑或你超過一半的願望都是工作以外的事，而你卻把大部分時間都花在工作上？

這只是為下一階段的幾個練習提供起點，因此，不要急著下判斷，只需要好好觀察令你驚訝的地方，檢視你在紙上看到的內容與自我認知之間的差異。

步驟 5：打造你期待的投資組合

太好了！你已經完成了所有艱鉅任務，梳理出激勵你的主題和價值（你的願望）；了解哪些因素能讓你發揮出最好的一面（你的需求）；評估了你當前的實際生活組合（你的時間分配）。你之前在繪製文氏圖時，勾勒出自己掌握的各個領域，分析不同的商業模式來支持你的投資組合。現在應該要開始認真地將一切結合起來了。（先做一下伸展運動並補充水分，這是一項艱鉅的工作！）

首先，關注你目前的組合中尚未得到滿足的需求。缺少了什麼東西？有沒有辦法調整現有活動以納入這些需求呢？比方說，在工作中協商一個成長項目，或將你喜歡的活動愛好從臨時參一腳變成每週固定從事？是不是有什麼社群活動你沒有太多時間參與但希望優先考慮，還是你想要尋找或建立一個社群呢？你目前是否有什麼技能或副業可以考慮變現，或以更正式的方式發展，像是透過參加課程或社群活動？還是你被日常工作耗盡精力，需要有空閒時間來培養興趣？你的「立刻行動」和「不久之後就執行」的願望清單中，有多少是你已經設定好執行計畫的，又有多少感覺好像還是白日夢呢？

根據你觀察到的，你可能屬於以下三種情況之一：

1. 還不錯嘛！
2. 還差一點點
3. 完全不行，差遠了

接下來，讓我們討論每一種情況下應該怎麼做。

還不錯嘛！

如果你目前的生活組合已經相對滿足了你大部分的需求，你也十分滿意自己目前所走的路，那你處於一個很好的狀態！請快速查看你的時間圓餅圖，有沒有一兩個需求目前未得到滿足，是否可能微幅調整納入這些需求？你能不能安排一些時間，更有規律地參與某個愛好？參加某課程或加入社團是否可以督促你發展新技能？也許擔任社群團體的領導角色可以加強人際關係，或是透過志工服務建立聯繫。

調整你的投資組合以滿足你現階段的需求，將能給予你目前所需的支持。但是，別忘了**需求會隨時間有所變化**，當生活需求發生變化時，不要害怕對你的投資組合進行更大的調整。

史黛拉[4]在身為人母之後，已經對她的投資組合進行一些重大的改變。長期身為小企業主的她，在懷第一胎時接受一家芝加哥大型公司對她的會計業務的收購提案。「在過去的十年中，我喜歡自己當老闆，建立自己的客戶名單，但有時候工作非常辛苦，而且收入時好時壞，這種壓力在有了孩子之後似乎不太可行。我已經準備好放棄一些自由，換取穩定性。再加上，我需要更好的醫療保險！」她告訴我。她還將大部分社交、旅遊和個人發展時間，都轉移到育兒和家庭相關事務了。「相較於我二十多歲時的需求，這是一個很大的轉變，但我已經準備好了。我把這視為減少活動，專心照顧我年輕家庭的階段，但這種情況只是暫時的。」

大多時候，史黛拉對自己全新、簡化的投資組合感到滿意：在大型會計師事務所的全職工作，參與她的猶太教會食物援助的志工服務，還有

---

❹ 應史黛拉的要求，一些身分辨識細節已經做了修改。

很多不受限制的時間可以留給丈夫、女兒和與他們同住的年邁母親。但她意識到自己還有兩個尚未滿足的需求：定期運動，和一個與母親、妻子或照顧者角色無關的社群活動。因此，她查看了她的文氏圖，看看她的身分有哪些部分可能符合這些需求，很快就看到了機會。

史黛拉曾是曲棍球選手，高中和大學期間憑著出色的實力在球界頗具名氣，但大學畢業後她將曲棍球擱置一邊，全心投入成立自己的會計事務所。現在似乎是一個理想時機，讓她重新找回自己失落的這部分，她開始研究芝加哥地區的業餘曲棍球俱樂部。「每週的活動只有幾個小時，但能幫我記住自己不僅只是一個母親，我真的很需要這個。」雖然史黛拉承認她可以找到更多即時運動的方式，或結交非人母朋友，但她很喜歡加入一個團隊的承諾和情誼，這是她人生這個階段需要的。

還差一點點

如果你目前的投資組合已經滿足了大部分的需求，而你知道小小的改變無法滿足所有需求，你可能就需要進行一些大幅度的調整。首先，看看是否可以透過目前的活動來滿足其中一兩個需求。有沒有辦法可以擴展你目前的角色，讓你更有成就感？或者，你是不是可以留在同樣的產業，但轉到別家公司或相關行業，以充分滿足你的需求？如果你減少了某個活動，會不會帶給你更多的「自由」（無論是實際上還是情感上），讓你得以從事其他活動？弄清楚自己想要追求的具體改變，將確保這個行動是值得付出努力的。

進行這些小調整之後，再看看哪些需求仍未得到滿足，並**評估你的文氏圖中尚未用到的技能和人脈**。你如何為新的活動騰出時間，以滿足這些尚待滿足的需求？你是否想開展副業或加入某個社群團體？有沒有什麼

願望是你希望「立刻」實現，卻完全沒有體現在你的投資組合中？你如何將這個願望與需求搭配起來，並且透過文氏圖中的一個元素同時滿足兩者呢？

以艾蜜莉亞[5]為例，她大學時主修攝影，對創作歌曲和時裝設計也很感興趣。但由於龐大的學生貸款，和需要自己付房租，她不敢全職追求自己的藝術興趣。於是畢業後，她接受一家位在奧斯汀（Austin）的新創公司櫃檯接待員的工作。該公司有良好的企業文化，有許多她喜歡一起共事的年輕人，有規律的上班時間和很多空閒時間，還有不錯的薪水、完善的健康保險、和適當的退休金配套。然而，從另一方面來說，她覺得自己的日常工作相當乏味，當許多大學同學還在到處接案工作，她卻抱怨自己「還不錯」的工作，這讓她感覺很糟糕。無論如何，這並不是她心中理想的工作，兩年過去了，她感覺有點陷入困境。

我和艾蜜莉亞會面時，我們確定了她目前的工作組合滿足了哪些需求（例如收入、穩定性、保險和社群），還有哪些需求尚未滿足（如創造力和自我成長）。我們也找出她文氏圖中有哪些部分目前尚未發揮或尚未善加利用（攝影、音樂和時尚）。我們接著制定她如何填補缺失的策略。她與公司協商，以接案的身分加入行銷團隊，滿足他們的攝影需求（這是完全無關她工作範圍的額外工作，因此可以額外獲得報酬，而不是免費承擔不是她責任的工作）。她還建立了 Instagram 帳號，成立一家小型攝影業務公司，一開始以折扣價為朋友和同事拍攝照片，然後逐漸提高對外客戶的價格。除此之外，她也決定與奧斯汀的音樂人社群建立聯繫，開始參

---

[5] 艾蜜莉亞是我指導的其中一位客戶，應她的要求，一些身分辨識細節已經做了修改。

加自由表演之夜（open mic nights），先是當觀眾，最終上台演奏她自己的歌曲。

有一天晚上，艾蜜莉亞演出完畢後，三位音樂家走向她，問她是否願意加入他們新組成的樂團擔任主唱，並共同創作歌曲。雖然他們白天都有工作，但對這個事業非常認真，希望她願意投入時間和精力來排練、錄製幾首歌曲，並定期演出。艾蜜莉亞全職工作的可預測性，和她攝影業務的自主性，使她得以承擔這個承諾，她欣然同意了。這個新的投資組合，包括她的日常工作、自由職業、副業和業餘愛好，是完美的活動組合，滿足了她所有的需求，也讓她在一週結束時感到充實滿足。

完全不行，差遠了

如果你發現自己目前的工作，與步驟 1 列出的願望清單幾乎毫無共同之處，就可能需要做一些比較重大的改變。在這種情況下，我發現最簡單的方法是開始勾勒出自己心目中理想的時間安排，例如：

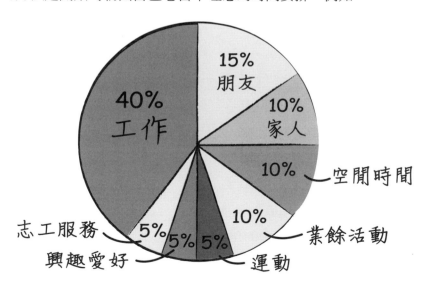

然後，在圓餅圖的一側列出你的需求，重要的願望主題放在另一側，你的文氏圖放在下方，開始腦力激盪，看看你如何打造結合這三者的新投資組合。做好心理準備：**你可能需要進行重大的改變。**

迪亞哥❻在三十歲出頭的某天早上醒來時，驚覺自己處於類似「完全不行，差遠了」的境地，大聲說道：「我不想再過這種日子了。」身為紐約一名成功的律師，自從取得法學博士學位後，他的生活幾乎每一刻都投入工作之中。

這是一個客戶服務角色，而且他是頂尖律師事務所的合夥人，工作時間很長，也難以預測，常常錯過與朋友和家人的活動，如婚禮和生日聚會。目前還是單身的他，發現很難像一些已婚有孩子的同事那樣可以守護自己的私人時間，與對象的第一次約會在合夥人心目中遠不如孩子的芭蕾舞演出或親師會那樣重要。因此，他的身心健康逐漸惡化，但銀行存款不斷增加。同時，在他寫下的 107 個願望當中，找不出任何一個是與公司的訴訟案件有關的。

創意寫作一直是迪亞哥的文氏圖中很重要的部分，他有一個願望是創作並出版一本小說。他也希望有一天能有一個家庭，這需要有空閒時間找人談戀愛、培養感情。他有許多願望都是和公共服務有關，這符合他在高中和大學時期積極參與社區服務的良好紀錄，以及他在法學博士學位之外獲得的公共政策雙學位。然而，他發現自己卻在為製藥公司辯護醫療過失，並為利潤豐厚的《財富》五百強企業進行風險評估，每週工作超過一百小時。一位共同的朋友介紹我們認識時，迪亞哥第一句話就說：「我不知道我想走什麼路，只知道我想逃離什麼。」

迪亞哥在大型律師事務所的工作，使他有能力還清學生貸款並累積儲蓄，他對收入的需求已經不像畢業時那麼高。他最大的需求是能夠掌控

自己的行程表、參加創作社群、有時間和自由重新探索自己的興趣。他沒有選擇微調目前的工作，而是做出了更重大的改變。他繼續利用自己的法律技能，但退出了合夥人的發展，接下來六個月他轉成該律師事務所的兼職合約人員，這些收入讓他有時間思考未來要做什麼。後來，他報名參加一個可遠程學習的藝術碩士學程，在紐約市的食物銀行成為定期志工，並與市議會代表展開對話，對方鼓勵他申請加入社區委員會。

六個月期滿之際，公司詢問迪亞哥是否願意考慮以兼職的方式無限期留任，在他們需要額外人手時偶爾參與案件。迪亞哥發現，他可以從零星的兼職工作中賺到足夠的錢，如果他搬到一間較小的公寓，改成自己做飯而不是叫外賣，他就可以在未來兩年專心寫小說。❼接下來那個星期，他在食物銀行做志工的時候，遇到了他未來的丈夫。對於迪亞哥來說，兼職工作（和簡化的生活方式）滿足了他的經濟需求，使他能夠透過無償工作和社區服務滿足他的創意、家庭和公共服務的需求，讓他離實現願望又更近一步了。

改變可能令人不安，但卻必要

當你的投資組合不再適合你時，不要害怕做出或大或小的改變，即使這麼做會讓你感到不安。別擔心：不安是必然的！

2020 年初，英國薩塞克斯公爵夫婦哈利王子和梅根重新平衡他們的

---

❻ 應迪亞哥的要求，一些身分辨識細節已經做了修改。

❼ 在過渡時期，減少開支是很好的財務策略，更多相關內容請參閱第 11 章！

投資組合，退出了英國王室的工作，並搬到南加州。雖然他們提議想保留一些王室任務，同時保有一些空間追求其他個人事務，但伊莉莎白二世女王拒絕了他們的請求，要求兩人必須全心投入，否則就得完全離開王室「企業」（the firm）。他們認真思考了自身的需求、在乎之事，和他們具備的技能和人脈，打造了一個全新的投資組合人生，以符合現階段人生的價值觀和優先事項。

他們成立了一個基金會，與 Netflix 和 Spotify 簽訂發展協議，加入一家道德投資公司擔任影響力合作夥伴，繼續進行慈善工作，並開展個人事業：哈利加入了心理健康新創公司 BetterUp，擔任影響長（chief impact officer），而梅根則開始撰寫一系列兒童讀物。

在 BetterUp 任職期間，哈利親身經歷了 2021 年的「大辭職潮」，全球的工作者都在面臨同樣的問題，思考現有的生活是否符合自身的需求。哈利在接受《快公司》商業雜誌的採訪時表示：「自我意識帶來了改變的需求。全世界許多人被困在不快樂的工作當中，現在他們將自己的心理健康和幸福放在首位，這是值得慶祝的事。」[1] 無論你對英國君主制度持何種立場，都必須承認他說的有道理。

接下來怎麼辦？實施你的投資組合

現在你已經有了自己的文氏圖、一份商業計畫的草案、一份理想的投資組合草圖，還有滿滿的便利貼。

你對於想要如何分配自己的時間和長才有了一些概念，也準備好進行必要的改變來實現此一目標。但你也可能對策略和執行之間的鴻溝感到不知所措。我能理解！在投入了這麼多心血之後，卻發現還有很多現實工

作需要完成，不知所措是正常的反應。

　　為了建立一個真正可持續的投資組合人生，你需要的不僅僅是策略，還需要一個計畫付諸執行。這正是本書第三部要討論的內容：將策略變成可實現的操作工具和技巧。

　　我們將在第三部深入探討財務、時間管理、故事講述、你需要的團隊（無論是個人還是專業的），還有你可以採用的系統和指標，以確保你有效管理整個投資組合，而不是只關注眼前的計畫。拿起一支螢光筆或在空白處做筆記，務必要親自動手！

PART
THREE

HOW

如何做

Chapter 7

定期衡量工作與生活

> 謀無術則成事難,術無謀則必敗。❶
>
> ——孫子,《孫子兵法》(*The Art of War*)

　　到目前為止,我們一直專注於投資組合中的「工作」部分,因為對許多人來說,工作是生活的核心,通常決定了居住的地方、帶來多少收入和對時間的控制程度,進而影響了人際關係、健康和個人成長。然而,工作只是我們故事的一部分,任何對於幸福、成就感或成功的相關討論,都必須更廣泛,不僅僅局限於職業生涯。因此,我擴大了查爾斯・漢迪對投資組合人生(portfolio life)一詞的原始定義,將生活的各個方面包括在內,如人際關係、愛好、健康、財務、社群、個人成長,以及任何對你來說重要的事。

　　關於工作與生活之間的關係,最常見的框架是「工作與生活平衡」的理念。這個術語最早是一九八〇年代初期在英國提出,是倡導女性產假和彈性工時的運動,後來已經發展成不分性別,涵蓋所有人的時間管理、彈性以及工作和生活滿意度的問題。[1] 理想的工作與生活平衡通常被想像

成一個蹺蹺板，一邊是工作，另一邊則是生活，兩邊同等重要，蹺蹺板呈現近乎完美的平衡。

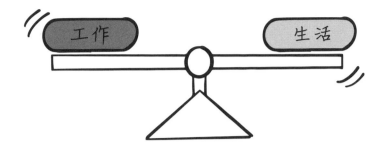

你可能已經知道，這種理想並不切實際。過去三十多年來，已經有許多研究致力於探討實現工作與生活平衡的可能性，而普遍的結論都說這是不可能的。[2] 研究表明，絕大多數的組織向員工灌輸「理想員工」的規範，通常意味著將工作優先於其他責任之上，[3] 無論是透過強制加班、強制要求進辦公室工作，還是採用「隨時隨地」的工作彈性（其實是變相的「任何地點／無時無刻」工作），[4] 都是預期員工將雇主的需求置於個人需求之上。

因此，當工作和生活被視為對立的兩極時，每花一個小時在其中一邊，就等於另一邊減少了一個小時，這不僅導致工作與生活持續的衝突，而且大多數人都體認到，完美的工作和生活平衡並不是他們真正想要的。他們所謂的「平衡」，其實更多是指自主權，也就是說，希望工作不會犧

---

❶ 編按：英文原文是：「Strategy without execution is the slowest route to victory, and tactics without strategy is the noise before defeat.」直譯是：沒有執行的策略是通往勝利最緩慢的道路，沒有策略的戰術則是失敗前的喧囂。

牲到個人的生活。2019 年關於職場彈性政策失敗的一項研究中，一位受訪者總結說：「這與平衡無關……而是攸關有決心找出自己生活中的重要事物，並為此設立界限，然後毫不畏懼、毫無保留地堅守這些界限。我認為如果能做到這一點，不管這些優先事項是什麼，或怎樣隨著時間而變化，都會讓我覺得有掌控感。」[5]

在這個感覺越來越混亂和不可預測的世界中，我們渴望更多的掌控權不足為奇。而大多數人最想要掌控的，是每天任何時候都能自己決定如何分配時間和心力。投資組合人生的目標是避免將有薪工作與其他一切活動做刻板的權衡取捨，而是要將個人的生活視為一個整體。任何曾經需要更新駕照或安排醫療預約的人都知道，在你展開一天的工作時，生活並不會就此停止，就像工作也不一定會在你回家吃晚餐時就完全結束。成功管理投資組合人生就是**根據需求變化隨時調整和改變工作與生活的界限**，以應對兩者之間不可避免的衝突。

然而，該如何界定這些界限，並確定什麼時候該要「毫不畏懼、毫無保留地」堅守，什麼時候又該屈服，以支持更大的遠景呢？我認為這有兩個關鍵要素：首先闡明什麼事情對你來說很重要，然後追蹤你的努力是讓你更接近或更遠離那些優先事項。

你要如何衡量你的人生？

我在哈佛商學院第二年秋天中了樂透，但獎金並不是現金，而是我在名教授克雷頓‧克里斯汀生的「建立和維持成功企業」課程中，獲得了十分寶貴的八十席座位之一。（如果你曾經在科技產業聽說過「破壞」（disrupt）一詞，必然要感謝他關於破壞式創新理論的博士論文）。❷已

故的克里斯汀生博士對商業界的重要性和影響力難以言喻，他確實是商業領域的巨人。❸

　　這門課程介紹了他的管理和創新方法，教導我們如何診斷問題，並應用相關理論解決問題。他沒有教我們做某件事的「正確」方法，而是教導我們如何思考問題。他深受人們的愛戴和崇拜，真的是世上最了不起的人之一。他的妻子、五個孩子和一群子孫都很愛他，幾乎所有他教過的學生也都對他深深敬仰。

　　2009 年學期快結束時，克里斯汀生教授告訴我們他被診斷出癌症，這可能是他最後一學期的教學，他問我們是否介意有幾位訪客加入最後一堂課，這是他每年都會舉辦的一場關於個人生活的特別講座。最初的「幾位」訪客漸漸變成了幾十位，課堂上擠滿了都想來參加最後一堂課的家人、朋友和校友。他以一個簡單的理念開始了這堂課：**我們未來的幸福絕大部分取決於我們每天做的選擇，這些選擇是關於如何投資自己的時間、如何優先處理無窮盡的責任、和看似不可能的權衡決策，而不是我們在自己領域中晉升到最高職位的能力。**他還表示，他在整個學期中傳授的商業工具、框架和理論，也同樣適用於個人生活，產生更大的影響力。

　　正如他所指出的，他的同學們當初坐在課堂上的時候，沒人設定過這種目標：「我希望有一天進監獄」、「我希望我會離婚三次」，或「我需要賺很多錢，因為我唯一能讓孩子們花時間陪我的方式就是寵溺他們」，

---

❷ 在第 2 章中，我們也談到他的一些作品：「創新者的核心 DNA」（見第 51 頁）和聯想思維的力量。

❸ 他本人也高大如巨人一般，身高是六呎九吋（約 205 公分）。

然而，他有許多 MBA 夥伴最終都陷入了這種處境。

管理大師彼得・杜拉克的經典名言是「有所衡量，才能有效管理」，克里斯汀生教授敦促我們像管理個人職涯一樣，積極地衡量和管理自己的人際關係、子女教養、社群參與、個人財務和心理健康。在他演講結束之後，教室裡每個人都感動落淚。我知道我剛剛經歷了個人 MBA 學習生涯中最重要的八十分鐘。❹

他激勵我們不要只是任由生命發展，而是要積極主動地管理自己的幸福，這從根本上改變了我對事業、財務和人際關係的處理方式。一早醒來不再自問「我是怎麼走到這一步的？」，而是知道自己有機會設定想走的路，並有意識地努力去實現。雖然生命中有許多事我無法控制，但只要是我能影響的事，就是我的責任。

為何要衡量一切？
- - - - - - - - - - - - - - -

簡而言之，指標可以幫助你了解自己的狀況，並告訴你應該在哪些方面投入時間、資源和精力。如果適當地定義並加以追蹤，可以讓你清楚知道哪些有效、哪些無效，然後再根據你學到的自行判斷該如何因應。

雖然彼得・杜拉克的這句名言已成為許多商業界領導者的指導信條，

---

❹ 在那堂課之後，我向克里斯汀生教授提出一個請求，希望他能將同樣的演講傳遞給 2010 年畢業班的所有學生。他將這份演講改編成一篇《哈佛商業評論》的文章，最終擴展成精彩的著作《你要如何衡量你的人生？》（*How Will You Measure Your Life?*，繁體中文版由天下文化出版）。雖然破壞式創新理論可能是他在商業界最著名的貢獻，但他對於無數人的幸福和成就感產生的巨大影響，無疑超過此一成就。

但確實存在對立觀點，不是所有重要事情都可以被衡量（同樣的，也並非所有可以被衡量的事都很重要）。這個批評很合理，但我認為這並不代表我們什麼都不該衡量，而是應該選擇正確的指標，同時在做決策時將數據納入情境考量。這一點非常關鍵：你可能需要花更多的時間和心力來**決定哪些指標對你很重要**，一旦確定之後，追蹤起來就沒那麼費力了。有很多事情都可以衡量，但哪些事情才真正重要呢？這就得視情況而定了。

比方說，如果你想好好地改善身體健康，可以衡量你的步數、跑步／健走／騎自行車／游泳的里程、消耗的卡路里、攝入的卡路里、基本營養素、靜息心率、最高心率、血壓、血氧指數、血糖指數、睡眠時間、睡眠品質、月經週期、基礎體溫、情緒等等，這個清單可以無限延伸。如果你願意的話，不妨建立一個試算表，每天追蹤這些數據。

但是，任何數據資料最終的問題總是：那又怎麼樣？這些數據代表什麼意義？根據這些結果，（如果必要的話）應該採取什麼行動呢？

也許對於你的健康目標來說，唯一重要的指標是步數、睡眠和基本營養素，也就是說，你關心自己每天是否有足夠的運動、充分休息和均衡的飲食。那麼，追蹤其他數據頂多只是分散注意力，甚至可能讓你不知所措，而完全放棄追蹤習慣。此外，並非每個指標都是可執行的指標。比方說，像血壓或靜息心率等指標，是你在其他地方採取行動後的成效指標，定期關注這些數據可能會為你追求健康的過程提供參考價值，但你不可能決定每天花一小時練習控制自己的血壓。（還有一些是可追蹤但實際上毫無意義的虛榮指標。對於我的健康而言，頭髮生長速度可能就是一個虛榮指標，確實長得很快，但那又怎樣呢？）

因此，克里斯汀生教授提出的仍然是最關鍵的問題：「你要如何衡量你的人生？」

- **可執行指標**（Actionable metrics）是指將具體的行動與觀察到的結果聯繫起來的事物，突顯出什麼行動有效、什麼無效，指引未來可以努力的方向。這些指標關注的是輸入。

- **虛榮指標**（Vanity metrics）是指可量化但毫無意義的事項，數據可能看似令人印象深刻，但無法提供對情況發展的深入見解，而且改善這些指標並不能使你更接近目標。

- **成效指標**（Outcomes）是指可量化的輸出成果。這些指標可能告訴你目標是否達成，卻不太可能指引你該如何改變結果。這種指標值得關注，但在改進努力方面，不像可執行指標那麼有用。

個人平衡計分卡

　　當我首次坐下來思考如何衡量我的生活時，我發現有幾個要素對我來說很重要。我非常在乎我的工作和專業努力產生的影響。但是，如果我過於專注於事業而忽略其他一切，最終也會讓我不快樂。我需要更多，我渴望與朋友家人建立有意義的關係，希望有一個終身伴侶、生兒育女，我也想要經濟穩定和獨立，使我能夠做出對自己有益的決定，而不是只為了賺更多錢。我不想因為財務問題而感覺被逼入困境。

　　我的「業餘」活動對我個人的幸福也很重要，不管是我長久以來的興趣如製作戲劇，還是我正在積極探索的新興趣，像是更深入研究電腦科學。這些都使我的投資組合更加豐富，為我提供了社群參與、創造力和個人發展機會，通常也是我下一個專業冒險的起點。

我最關心的事就是照顧好身體健康。到目前為止，我很慶幸自己的健康狀況相當穩定，沒有太多擔憂，但我不想將這一切視為理所當然。隨著年齡增長，我知道我需要更注重身體運動和飲食營養，並養成預防保健的習慣。總之，我有幾個主要類別和細分指標，都可以幫助我衡量自己的生活。老實說，一開始這些讓我感到有點不知所措。

　　我在尋找整合所有關注點的方法時，想起了克里斯汀生教授將商業工具應用在個人生活的建議，於是決定改編一個所謂「平衡計分卡」（balanced scorecard）的企業管理框架。平衡計分卡用於將公司的使命（目的）、策略重點（目前關心的重要主題）和活動（如何執行策略）彼此之間建立聯繫，幫助管理階層透過統一的資訊面板了解公司在這些領域的表現。我喜歡這種格式，因為是從宏觀的角度出發，要求我闡明有助於實現願景的優先事項，並設定可量化的具體目標，讓我可以朝著這些方向努力。到了年底時，我將能夠明確回答這些目標是否達成，同時看看我的整體努力是有助益的、還是無效的。這就是我改編的「個人平衡計分卡」（personal balanced scorecard，PBS）。

　　我設計了我的個人平衡計分卡，來追蹤我願望清單中四個主要類別的進展：財務狀況、身體健康、專業發展和個人關係，最重要的是，我決定在各個類別之間維持大致均衡，因為在當時，我希望將我的關注焦點擴展到生活各個層面，而不是像過去那樣一心只專注於事業目標。（當然，選擇的平衡方式因人而異，會根據個人需求和投資你的願望的方式，而且每年也可能會有巨大的變化。稍後再詳細談論這一點）。

　　在這些類別中，我確定了今年度的四、五個優先要務，可能是需要努力多年的目標，也可能是我在未來一年內想要達成的事。不管是哪一種，我知道我需要明確設定在一年之內要實現的具體目標。

例如，我在財務方面的一個優先事項就是還清債務。我希望能盡快清償我的學生貸款，這需要多年的努力，因此，我計算了預計什麼時候可以完全還清，以及每個月打算繳納多少，還計畫在領到年終獎金時支付一筆大額的還款。另外，我在身體健康方面的優先事項是「少做蠢事」，我將其定義為不要發生任何嚴重到需要打石膏、縫合或手術的傷害（我有點笨拙，又愛冒險，這些特點加起來導致我經常需要跑急診室。我當時快要三十歲了，我知道如果不小心的話，這些傷害可能會變成慢性問題，最好盡量避免）。對於每一個優先事項，最重要的是定義一組明確目標，讓我可以在年底時評估是否達成了這些目標。

以下是我第一份個人平衡計分卡的摘錄（部分細節已隱去）：

類別	優先策略	目標	目前進展	行動與註記
財務	沒有債務	償還學生貸款	$XX	預計在 2017 年前還清債務！
	規畫未來	33 歲時有當前年薪的一倍就退休	$XX	X% 薪水存入 401(k) + 1099 收入存入 SEP IRA 退休帳戶 （編按：401(K) 是一種美國的退休儲蓄計畫，1099 是美國報稅表格，SEP IRA 是自雇人士或小型企業主的個人退休帳戶）
健康	多運動！	今年跑完 365 里	偏離目標	無法達成目標。是目標設定錯誤嗎？
	少做蠢事	不再有（需要動手術或縫合）的重大傷害	進展順利	玩得開心，繼續做出明智的選擇！

專業	podcast	註冊成為有限責任公司（LLC）、開立銀行帳戶、註冊商標	完成！	哇！這超出了預期的難度！
	寫作	個人創作企畫最優先	？	這是很糟糕的目標。該怎麼衡量？
個人	旅行	至少有一次與演講或工作無關的旅行（也就是「度假」）	完成！	居然放下了手機！做得好！
	音樂	每週練習大提琴三次	沒做到	這不是正確的目標，明年重新調整。
		總目標項目	8	
		達成項目	5	
		得分	62.50%	
		你快樂嗎？	是	

你的優先要務是什麼？

藉此機會回顧第 6 章的便利貼，重新檢視你的願望和需求。在那個練習中，著重於大膽的夢想，要你列出一百個願望（或更多！），然後找出哪些事能使你快樂並發揮最佳表現。隨後，再將這些願望和需求對應到期望的投資組合，優先考慮哪些事你想要立刻執行，而哪些事可以稍後或留待將來某天再處理。

利用你想「立刻行動」的願望加上個人需求——也就是被納入你全新打造的投資組合中的便利貼——來建立你個人平衡計分卡上的優先要務。

確認：你的重要事項清單看起來是否易於管理，還是比《魔戒》還冗長？你可能很快就會發現，你無法同時應付現在想要做的一切，並滿足你的需求，有些事情可能需要暫時擱置。這就是稱之為「優先要務」的原因：當時間、精力和資源有限時，什麼事對我們最重要？如果一次承擔太多，超出了個人負荷，投資組合就會變得不可持續，也無法帶來快樂。

　　一旦確定了你的優先要務，就可以在投資組合中更有效地分配你的時間、金錢和精力，而不是被當下看似最迫切或最困難的事情左右。你將會感受到自己從被動和慌亂轉變成有計畫和策略，你也會清楚地知道應該什麼時候以及如何堅守自己的界限。

評估和衡量進展

　　設定好衡量指標之後，就必須考慮如何及何時進行評估。每個月會覺得太頻繁，等到年底似乎又太久了，我決定每半年檢視一次我的進度。以六個月為期檢查進展，並藉此機會重新調整下半年的行動計畫，對我來說是很合適的步調。

　　一年結束時，我評估了自己的進展，達到目標的事項我會在計分卡上標記為綠色，未達成的事項標記為紅色，而不確定的事項則標記為黃色。我還為每一個目標留下註記，其中包括對達標的鼓勵、對困難之處或未達標原因的觀察、針對要延續到明年的事項提出建議，以及對表現不佳之處給予嚴厲忠告。掩飾自己的失敗並不能幫助我在下半年表現得更好。

失敗了怎麼辦？

　　我剛開始運用個人平衡計分卡那幾年，經歷了一段陡峭的學習曲線，一路上犯了不少錯誤。例如，一開始我不擅長設定可衡量的目標，有一年

我設定的目標是「個人創作企畫最優先」，不出所料，我在年底試著評估自己的成果時陷入了困境，我能想到在某些情況下，我在個人企畫上投入的時間和精力比追《辦公室》（The Office）連續劇還多，但也有些時候我的企畫因工作或心理健康需求而被擱置，那麼，我的這個目標算是成功還是失敗呢？

有時候我發現，我宣稱的優先要務和我每天的實際行動之間存在差距。比方說，我曾經設定重新投入大提琴彈奏為優先事項，目標是每週至少練習三次。但到了年底，我不得不承認我離那個目標差了很遠（一整年下來，我的琴盒大概只打開過兩次），或許那並不是我真正最在乎的事。你可以說我沒達成我的目標，但我更覺得是設定了錯誤的目標。**我真正在乎的是**積極地將音樂融入我的生活中（如即興演奏、表演），而不僅僅是以被動方式投入（如參加音樂會、購買唱片）。我不見得一定要彈奏大提琴，就算要彈奏，也不需要像在高中時那樣練習音階和練習曲。事實上，我那一年大多時間都在一個由科技怪人組成的無伴奏合唱團中演唱，❺我們將流行歌曲的歌詞重新改編成與創業世界相關的內容，在科技聚會和創業投資活動中演出。因此，雖然我沒能實現最初的目標，但我覺得自己在這個優先事項上是成功的，這引出了一個問題：這樣是否算數？

事實上，這並不是考試，除了你自己之外，沒有人會評估你。個人平衡計分卡的目的不是像在學校那樣打分數，而是為你提供一個架構，用來思考、設定和調整你的優先策略，衡量你為實現這些目標付出的努力和

---

❺ 我們自稱為 NYC#（發音是 NYC-Sharp），這是 C sharp 程式語言和音符的文字遊戲。我早就跟你說我們是怪人了。

承諾，並隨時注意你說出的願望和實際行為之間的落差。這是一種方式，讓你用來提醒自己最關心什麼事，以及你有沒有投入足夠的時間、心力和資源在這些優先要務上。

你快樂嗎？

對企業來說，最重要的是利潤；**對個人生活來說，最重要的是幸福**。因此，我在個人平衡計分卡最後，加了一個簡單的問題：「你快樂嗎？」在你剛進行完優先要務和目標的深入分析之後，這問題或許顯得過於簡化，但歸根結底，這是唯一重要的指標。有助你發現自己很可能設定了——甚至實現了——錯誤的目標，如果在計分卡上表現出色卻很痛苦，那麼所有努力都是毫無意義的。因此，我加了這個最終指標，強迫自己放慢腳步，確保一切行動真正在實現最重要的目標。如果不是的話，這就像一個閃爍的霓虹燈，提醒我重新評估來年的優先要務和投資組合。

有了明確藍圖，開始執行策略

個人平衡計分卡旨在為你提供一年的藍圖，將個人的投資組合歸納為明確的優先要務，和可努力實現的目標。接下來，我們將關注執行這個藍圖需要的資源，包括你的團隊、故事、時間和資金。為此，我們將從執行長、行銷長、營運長和財務長的視角來檢視你的投資組合，然後以關注未來為重點做個總結，坦白討論過去幾十年的巨大變革不會很快放緩的事實。因此，我們要像策略長一樣，以謹慎的態度探討預測未來的策略，並準備好面對即將到來的未知挑戰。

你的個人平衡計分卡

類別	優先策略	目標	目前進展	行動與註記
		總目標項目		
		達成項目		
		得分		
		你快樂嗎？	是／否	

個人平衡計分卡範本下載網址：www.portfoliolife.com/scorecard

Chapter 8

建立你的團隊

如果你在乎某人，而且心中有愛，就能攜手克服一切難關。

——泰德·拉索（Ted Lasso）❶

　　對於任何企業，投資者首要關切的問題是該企業的團隊人員，包括創辦人、員工、顧問、策略合作夥伴等。在投資一家企業之前，投資者不只想知道企業未來五年的盈利和成長狀況如何，更想知道這家企業是否有合適的領導人才、支持者和合作夥伴。為什麼呢？因為創意點子多如牛毛，而普通公司和卓越企業之間的區別在於執行力，成功的執行取決於不同背景的人共同努力，追求明確的目標，這代表執行長的首要任務是招募人才、發展和管理整個團隊。

　　要實現投資組合人生，你需要像執行長一樣建立你的團隊。最健康、成功、充實的生活，都是建立在人際關係上，無論是多元的還是單向發展的，投資組合生活都需要有一個專業的團隊。你想要兼顧多種產業和興趣，就需要建立更多樣化的人脈，這得花更多時間和精力來發展和維護，但這種投資將確保你在發展投資組合時有合適的人可以依賴。訂製個人的

生活軌跡也需要一個專屬的顧問團隊，你的專業發展不能再依賴正規的導師，和數十年專注在一目瞭然的職涯軌跡上，而是需要招募並定期更新個人董事會來指導你的成長。最後，如果你選擇找個伴侶一起建立你們的投資組合人生，你將會需要在這個模式中更主動地溝通協調，就像公司的共同創辦人一樣齊心協力，調整你們的價值觀、願景和發展步調，確保你們朝著相同的方向和目標前進。

雖然建立這種團隊顯然得付出更多的心力，但也將為你帶來更充實和有意義的合作夥伴、教練和知己，提供你需要的支持，使你茁壯成長。因此，讓我們先從你的人脈開始，然後再進一步探討董事會成員，和生活中的伴侶。

連結不相關的人脈

我們首先需要討論你各種不同的「人脈」，因為你所處的領域，也就是個人文氏圖中的每個圓圈，都會有不同的社群，你會想要結識這些社群當中的人，並建立關係。跨越不同領域的難處在於，你需要花很多時間去認識這麼多社群的人並保持聯繫。但是，這會給你帶來一個巨大優勢，讓你有機會成為「超節點」（super node），也就是連接者（connector），這個角色將原本迥然不同的人脈連結在一起，是你在人生任何階段都可以善加運用的獨特優勢。

---

❶ 編按：泰德‧拉索是美國喜劇影集的主角，原是一名大學美式足球教練，卻被聘為英超足球隊的教練。

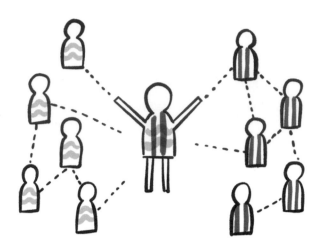

　　2012年創業投資人亞歷克斯·陶西格（Alex Taussig）撰寫了一篇文章刊登在《財富》雜誌，內容是寫給想進入他的產業的新手。[1]他給的第一個建議是什麼呢？就是建立並分享你的「不相關」人脈，與不屬於同一個圈子的人建立關係。當你成為不同世界之間的獨特連接點時，不管你有多年輕或經驗不足，都能創造價值。

　　以下是我大學時期的一個例子：我曾擔任一部新劇的副導，這部劇講述的是牛頓的「奇蹟之年」，他發展出積分微積分、完善了重力理論，還透過實驗驗證了光的複合性質。在開發整齣戲劇的過程中，我成功地將創意團隊與數學系的教授聯繫起來，請他們針對劇本的許多技術性層面提供專業建議。幾個月之後，我又帶著其他演員到數學大樓，指導那些害怕在觀眾前展示成果的羞怯研究生。

　　我獨特的視角，和與戲劇系及數學系兩個科系之間的關係，讓我看到將這兩個截然不同的領域聯繫在一起的機會，促成了一次意想不到卻極具成效的合作。

培育不相關人脈

　　不知道該如何建立不相關人脈嗎？其實比你想像的還要容易。描繪你的核心朋友圈，有什麼共同點？你們是大學同學還是相同產業？也許你們都著迷於同一個喜好，像是美國國家女子足球隊的超級粉絲或桌遊「龍與地下城」（Dungeons & Dragons）的狂熱玩家。無論共享的文化是什麼，你們之間都存在明顯的連結。接下來，想像有一位不屬於這個圈子的朋友，如果去參加了你們緊密的社團聚會，可能會感覺像局外人，無法理解圈內的笑話。**那些局外人就是你建立全新人脈的起點。**他們代表一個完全不同的社群，你可以去認識看看。與其拉著他們參加你的朋友聚會，不如請他們帶你去參加他們的聚會，成為他們圈子中的局外人，從那裡開始拓展你新的人際關係。

　　不相關人脈讓你能夠透過連結來創造價值，也為你的團隊奠定基礎，為你在建立個人董事會時提供豐富的社群資源。從沒聽說過個人董事會嗎？沒關係，請繼續讀下去！

不必再找導師，尋找董事會成員吧

　　你可能對「導師」（mentor）這個詞很熟悉，或許也一直納悶著「到底要怎樣才能找到導師呢？」可能也不太清楚：導師究竟是做什麼的？為什麼有人會願意當我的導師？在這個關係中，我的職責是什麼？老實說，到底有誰真的有個導師，能不能幫忙解開這個謎團呢？

　　我完全理解你的觀點和困惑。我們這一代人再三被告知步入職涯要

尋找導師❷（或許也可以稱為「舉薦人」），他們會為我們解釋產業中的不成文規定、為我們開闢新的機會、或在我們未受邀的場合中為我們的工作表現發聲。大企業中通常有正式的導師計畫，其中包含資助導生午餐和導生歡樂時光的預算。❸在小公司、非營利組織、新創企業、娛樂和服務等非企業領域中，據說假設你有一天找到一位導師，從此就可以過上幸福快樂的生活了？

　　也許這對我們父母輩來說是有效的，他們一輩子都在同一家公司或至少在同一個行業工作，然而，對於當今年輕的專業人士來說，導師的虛幻形象令人備感壓力和困擾。正因如此，我建議，不要妄想找一個有經驗、影響力和社會資本的完美人選，冀望他能為你開創機會、分享機密，並真心關心你的職業發展。反之，要像一位執行長一樣，你需要成立一個董事會。

　　對於一家企業或非營利組織來說，董事會的角色是監督組織的整體發展狀況：他們設定組織使命、為執行長提供建議、評估設定執行長的薪資報酬、代表股東或利害關係人的權益。董事會成員通常是因其特定技能或經驗而被招募進來，他們除了小組委員會的工作，也會參與每季度的重大策略討論。有個多元化的董事會十分重要，出現任何問題或疑慮時，可以確保能有多方提供意見。身為執行長，你絕對不希望感覺自己像在黑暗中摸索。

　　個人董事會的作用基本上也是一樣：由一群人組成，你可以向他們尋求建議、引薦、新觀點或事實真相。他們帶來自己的經驗、判斷力和人脈，提供意見、機會和反饋。不同於尋找一位能夠長期擔任一切任務的導師，你可以找個願意在你的個人董事會上服務幾年的成員，時間或長或短。簡單來說，你沒有必要特別詢問他們：「你願意擔任我的個人董事會

成員嗎？」❹他們都只是你定期保持聯繫的人，因為你欣賞他們的經驗，也信任他們的建議。

你可能會因特定的事情去找不同的人，比如，向其中一位請求協談工作福利，向另一位請教對發送某一封重要郵件的看法。你也可能經常向一群人徵求意見，在做重大決策之前先聽取大家的建議。有趣的是，你也可能在他們的個人董事會上擔任某個角色，這並不是只有一方給予、另一方索取的單向關係。即使在年齡或經驗上存在差異，你總是有一些可以貢獻的價值。

個人董事會並不一定只關注職業生涯，也可以幫助你應對健康危機、分手事件、遷居異國，甚至對你要不要修剪瀏海或收養寵物等問題提供意見。只要是與你生活相關的，都可以尋求支持和建議。

案例研究：一位友善的、一位嚴厲的，和一位像瑞士一樣中立的

珍妮特・卡吉德（Jeanette Cajide）對於組建團隊來支持她的工作並不陌生。她是一名企業家和軟體公司高階主管，同時身兼花式滑冰競賽業餘選手。

---

❷ 截至本文撰寫時，在 Google 上查詢「什麼是導師？」，有 2.87 億條搜索結果，其次是 2.14 億條「如何找到導師？」，1.34 億條「為什麼很難找到導師？」，和 1.88 億條「我真的需要一位導師嗎？」簡而言之，很多人對此有不同的看法，然而，我認識的四十歲以下的人當中，似乎很少有人生活中擁有一位可以稱之為導師的人。

❸ 我有許多參加過這些計畫的同儕都說，大部分時間只是尷尬的職場閒談。

❹ 如果你認為形式或責任制有助於你貫徹執行，你當然可以告訴他們，但是沒必要特別製作 T 恤或舉行年度主管聚會活動（除非你真的想這麼做也行，我猜）。

現年四十五歲的她，在青少年時花了一年多的時間練習滑冰，之後將精力和時間集中在芭蕾舞上。當她的職業舞蹈生涯被迫中斷時，便將注意力轉向學術領域，取得商業和公共政策學位，然後開始了新創公司的職業生涯。她熱愛那裡的工作和社群，然而，因為長期久坐辦公桌使她的精神和身體健康開始受到影響時，她意識到需要重新投入她的投資組合中體育的那部分，於是她回到了久違的滑冰世界。她回憶説道：「我想，如果我要做這件事，就要做到好，我會認真看待此事。」

她像身為新創公司的執行長一樣，建立她的團隊，聘請了幾位教練（一位友善的、一位嚴厲的，以及一位像瑞士一樣中立的）、物理治療師、針灸師、營養師和肌肉活化專家。她笑稱：「我就像一位沒有領職業薪水的專業運動員！但我需要他們每個人在心理上、體能上和情感上以不同的方式挑戰我或與我合作。一個人負責我的編舞，另一個人幫助我在比賽中調適心理狀態，另一個人懂得利用數據和生物科技幫助我達到最佳的體能狀態。」

不難看出個人董事會也發揮類似的作用，為珍妮特的職業和更廣泛的投資組合提供建議。珍妮特告訴我：「我有同學、同事和我以前的上司，他們都認識我，也了解我的習性，知道如何挑戰我並幫助我成長。雖然我希望在事業上表現優異，但現在我也想透過滑冰、旅行、和嘗試新事物來尋求平衡，我常向他們請教，他們理解我生命中的優先要務。」

珍妮特深知擁有合適的支持團隊是很重要的，無論是在冰上還是在其他工作領域。

打造你的個人董事會成員

那麼誰應該成為你的個人董事會成員呢？首先，考量你希望保持接觸的產業、人脈、地域和職能經驗，組建一個多元化的董事會，以支持你建立的豐富健全的投資組合人生（許多研究已經證明，多元的董事會非常重要，包括跨越不同世代、性別認同、種族、地域和經驗方面的多樣性）。除了考慮職能和產業專業知識之外，你也應該根據你希望這些人在董事會上擔任的具體角色來「聘用」適當成員。

個人董事會通常需要包含以下五種角色：教練、談判者、中介者、加油打氣者和說真話者（請隨意根據個人情況，增加其他符合自身需求的職務）。讓我們仔細檢視每一個角色的具體任務。

1. 教練

投資組合人生的一大挑戰是，你結合了各種不同的興趣、活動和優先事項，使你幾乎很難找到可遵循的路線圖。你獨特的道路與傳統職涯規畫相去甚遠，因此需要承擔更多責任來規畫自己的人生。但這並不代表你在權衡取捨、做艱難決策的時候，必須孤身一人。你不需要一位可以效法追隨的前輩，你需要的是一位指導教練。

理想的教練不一定是有專業知識的專家，而是致力於幫助你發掘潛力的人。這和傳授知識給你的老師不同，教練反而是相信你內心已經知道該怎麼做，只是需要一些幫助來釐清狀況，並排除自己的障礙。優秀教練的關鍵技能是**提出正確的問題**。

那麼，你該去哪裡尋找你的教練呢？這個人可能是你一直保持密切聯繫的老同事或同學，如果你和父母的關係很好，他們也可以當你的教練。

在生活中特別艱難或混沌不明的時期，也可以聘請專業的職涯或生活教練，甚至可能找一位心理治療師。最重要的是找一位有出色提問能力、不會對你應該怎麼做妄下評斷的人。他們應該是真心想幫助你找到最適合你的決定，並能夠擱置自己的想法或願望來提供建議。

2. 談判者

董事會的其中一個職責就是設定執行長的薪酬，你的個人董事會也不例外。你或許也看過許多研究，有關女性、有色人種和缺乏談判籌碼的資淺員工的各種薪資差距。通常這種差距有兩個主要原因：第一，這些人對於特定職務、產業和地區的「市場行情」缺乏數據，因此他們通常將目標薪資與目前的收入相對應，造成自己低薪的惡性循環；第二，他們可能缺乏談判的技巧，因為大多數人都是每隔幾年才會要求調薪一次。❺

那麼，你該如何克服這種訊息和經驗上的差距呢？你需要尋求專業人士的建議。在你的個人董事會中，這個角色應該由你產業中曾經與你相同層級或更高職位的人來擔任。雖然你可以從產業外經驗豐富的談判者那裡受益，但他們在評估具體的薪酬和獎金數字，或是對於其他可能或應該納入考慮的因素，如股權、專業發展津貼、休假日、彈性工作支援或其他福利方面，能提供的幫助有限。你需要能夠**掌握當前市場情報**的人。

如果你在產業中屬於少數族群，不妨考慮選擇兩位擔任「談判者」角色的董事。主要原因如下：我希望從主流群體那裡獲取市場數據（如科技界四十歲以下無子女的白人男性），因為他們最有可能得到合理的薪資

---

❺ 除非你的工作真的是一個談判性質的工作，如律師或商務發展專業人士。

報酬。但是，我也想要向曾經面對過權力不對等的過來人請教（我可能遭遇類似情況），尋求該如何談判的相關建議，如開頭的要求、溝通節奏、堅持立場或走人的談判策略，他們很可能有更合適的技巧來因應我面臨的輕微冒犯或複雜的權力互動。

如果你在不同的產業或環境中都有薪資收入，你的董事會中可能會需要多位談判者，例如，你為佛蒙特州小型攝影業務設定收費標準時需要的建議，會和與 Nike 運動品牌行銷工作升遷談判的建議不同。同樣的，你在談判出版合約、設定 podcast 廣告費率、鋼琴課程收費、烘焙客製蛋糕、承攬客戶案子等等，都希望有專業的建議。還有，別忘了你生活中可能會需要協商的私事：這位董事可能幫助你應對棘手的健康保險問題，或是在購屋時幫助你爭取自身權益的關鍵夥伴。

你要如何找到這些董事呢？有幾個適合的出發點，例如，和你保持良好關係的前老闆、朋友的父母（和你同產業）、以前的同學，甚至是你認識的那位已經成功為自己談成出色交易也願意與你分享祕訣的同儕。如果你經營一家小型企業或收費的副業，你還可以成立一個圓桌會議，找其他相同業務的人一起來討論價格和條款（我們將在第 11 章進一步探討金錢，特別關注朋友和同事之間分享薪資標準、合約條款和其他關鍵薪資細節的重要性，使競爭環境更公平）。公司不會願意多付給你一毛錢，他們利用社會慣例和人的羞恥感來保持薪資結構不透明。

3. 中介者

你認識哪一位朋友好像認識每一個人嗎？喜歡安排相親、總是掌握著職缺情報、不管走到哪裡都有朋友、在各行各業似乎至少認識一個人？朋友啊，那就是你的中介者，是你董事會上必不可少的成員。

在任何社交網絡中，❻通常都會有一些人擔任社群團體的主要聯繫人，他們被稱為「超節點」，是使社群高效運作的關鍵。大多數人只與自己的朋友、同事或同學等小團體保持聯繫，但這些超節點通常都有廣泛的社交圈，因此訊息透過他們傳播得最快。他們積極培養不同的網路，並以成為社群聯繫者為榮，例如，做出完美的引薦介紹是這些人引以為傲的事。他們不會只是隨意發送一封普通郵件，而是會深思熟慮地為雙方提供支持，強調潛在關係的**互惠**之處。

與個人董事會的中介者維持良好關係的關鍵在於，策略性地請求他們幫助，提供給他們最重要的細節以便為你提出精彩的引薦，並像你的工作一樣繼續積極追蹤。最好不要過度濫用中介者的人際關係，去解決不是特別重要的問題，因為每次推薦都需要他們為你花時間和社交資源。你也要盡可能為他們減輕負擔：提出具體的請求（例如：你能幫我聯繫○○，了解他們剛剛在 LinkedIn 上發布的這個機會嗎？而不是「你知道現在有誰在招聘嗎？」），同時主動提供一切必要的背景訊息（如果你能起草一封電子郵件以供修改，那就更好了）。你應該珍惜他們為你付出的努力，及時以適當的方式追蹤這個聯繫。

最後，請記住你與中介者的關係是**雙向**的，他們可能也會向你尋求幫助，請你做其他人的中介者或推薦人，務必要付出相對的努力加以回報，以維繫這段關係。

4. 加油打氣者

每個人偶爾都需要一位幫你加油打氣的人，承認自己需要支持和鼓勵沒什麼好尷尬的，尤其是在自我懷疑的時候。但是，來自一個你不重視意見的人毫無誠意的讚美，並沒有多大的價值，你的加油打氣者必須是你

認識並信任的人。

　　這個人很可能是你的董事會中認識最久的人，你可以隨時傳簡訊或打電話給對方，不需要解釋太多，只需短短的五分鐘就能讓你振作起來。你不必專門花一個小時詳盡的討論，可能只是需要一個鼓勵：「你可以！」這個人知道你的優點，你們彼此有許多共同經歷，他們真心相信對你傳送的任何吹捧，你也是！

　　我的董事會中有幾位加油打氣者，雖然我們走著不同的人生道路，**但我們分享生活中的高峰和低谷**，彼此的職業、家庭、生育、健康狀況、夢想、挫折。透過這種極度脆弱的分享，使我們能夠真心地互相鼓勵，激發彼此的勇氣和自信心。

5. 說真話者

　　最後，為了平衡加油打氣者的角色，你也需要有一個說真話的人。此人是你能夠信任的，會以你聽得進去的方式**指出你的錯誤**，並且以你的最大利益為重。主要目的不是想讓你難過，而是為了鞭策你做得更好，因為知道你有這個潛力。如果你不確定心目中的人選能不能擔任這個角色，那麼答案是不能，不該有任何懷疑。這個人活生生體現了盧薇‧阿賈伊‧瓊斯（Luvvie Ajayi Jones）的《我在評判你：改進手冊》（*I'm Judging You: The Do-Better Manual*，暫譯）書中的描述（去閱讀一下序言，你就會明白我在說什麼），對你絕對是直言不諱的。

　　基於多種原因，你的個人董事會需要納入一位能對你說真話的人。首

---

❻ 我指的是人際網絡，而非特定的技術平台。

先，你需要有一個真正了解你的人，包含你的文氏圖中展現的一切才能和興趣，以及你正在打造的投資組合生活，同時會向你反映你的言行是否一致。在你生活其他方面，你的同事和關係人對你的才華、承諾和優先事項可能了解不夠全面，當事情進展不順時，你很容易會因為這種了解不足，而忽視他們的意見。如果你的本性就是如此，可以迴避這些責備、忽略這些批評（你也可以覺得他們說的只是個人看法，而不需要思考太多）。但是，有這麼一位董事能夠看到整體情況，真正在乎你的成功，會由衷地告訴你你做錯了，這對你的發展十分重要。

其次，你需要一位負責任的合作夥伴，尤其是從長遠來看。當你每隔幾年就轉換職務、公司或行業，很容易養成一些壞習慣，最終對你沒有任何好處。有一位能夠激勵你去實現目標，在個人和專業層面上不斷成長，一路上幫助你看清真實自我的董事，將使你從還不錯變得更優秀，他們對你的高期望有助於你成長茁壯，超越自己最瘋狂的夢想。

如果你覺得沒有適合擔任這些董事角色的人，該怎麼辦呢？也許你才剛起步，或正經歷重大的人生轉變，希望重新開始。一開始無法填滿這些席位也沒關係，建立關係是需要時間的。仔細檢視你的社交圈，看看哪些角色已經有人擔任，再慢慢開始「招募人才」，填補這些職缺。也許有人可以暫時兼任多重角色，讓你慢慢尋找其他可能的人選。你也可以向現有的「董事會成員」尋求建議或介紹可能適合擔任董事職缺的人。最重要的是：你不需要感到壓力，但確實需要一個填補席位的策略。❼

既然你已經在擴展不同的人際網路，建立了個人董事會，現在該來談談人生伴侶了。雖然對於人生伴侶的敘述一般都強調浪漫愛情，但在接下來的幾頁中，我希望你將這個角色視為合夥人。為什麼？因為生活伴侶

不只與愛情有關，同樣也是一種商業關係（畢竟，婚姻是一份契約：你接受權利和福利，但也承擔法律和財務義務）。研究顯示，對於你的職業生涯和長期幸福，選擇合適的另一半會是你一生中最重要的決定。[2] 如果你打算要找個伴侶，這個人將會對你的投資組合人生產生最大的影響。

人生伴侶與合作夥伴，找出適合你的關係

在新創企業界，我們常常說共同創辦人之間的關係就像婚姻一樣。共同創辦人是那些一起創立新事業的人，承擔未知的財務和情感風險，從無到有一起建立事業。因此，把這個類比反過來說並不誇張，婚姻或任何形式的生活伴侶關係就像共同創辦人的關係。而就像在商業中一樣，終身伴侶關係有很多不同的模式，因此在找到合適的伴侶之前，你需要確定什麼樣的合夥關係是最適合自己的。

有些人覺得一對一的關係最適合他們：一次只和一個人交往，無論是長期的伴侶還是生活中的某個階段，也許你們打算隨著時間共同成長，或是當人生道路出現分歧時，彼此同意分道揚鑣；無論哪一種情況，這種模式都建立在兩人之間獨特的夥伴關係上。

也有一些人將合作夥伴關係視為投資組合，更偏好發展多角戀路徑：他們不指望任何一個人能在工作或家庭中滿足自己所有的需求，因此培養多個同時存在的關係，每一段關係都能滿足某些特定需求。他們認為，優

---

❼ 請記住，這些「董事會席位」是比喻，不是正式的角色，而是一種架構，供你思考你身邊有誰可以提供支持和建議。

先事項的多樣性或重新調整，可能會自然導致合夥關係的多樣性或重新調整。還有一些人即使沒有生活伴侶也過得很快樂，透過其他關係找到陪伴、親密感和喜悅。

那麼，哪種模式適合你呢？

你在尋找什麼樣的人生伴侶？

我的創業學生來問我關於如何尋找共同創辦人的建議時，我總是先問一個問題：「你為什麼想要找個合夥人？」通常，他們給不出一個好的答案，只是預設自己應該要找一個合夥人，因為很多他們崇拜的創業家都是這麼做的。但是，如果你不知道自己為什麼想要一個合夥人，又怎麼知道是否找到了合適的人呢？如果你不清楚自己在尋找什麼，就可能只會抓住第一個看來好像「還不錯」的人。

因此，我鼓勵學生進行一些自我反思並回報結果。是想找個人來填補自身技能不足，還是只想要多個人手來分擔工作量？是想要一個平等的合作夥伴來協助因應重大決策並推動思考，還是只想要一個樂意讓自己發號施令的副手？是打算等找到合夥人才開始創業，還是願意自己先行動，等找到合適的人再考慮合夥？

這些問題都沒有正確的答案，但是需要知道自己在合夥關係中想要什麼，才能吸引到合適的人，並做出正確選擇。

如果覺得人生伴侶以合夥人來比喻似乎有點刺耳，讓我說明一下，我可是花了十多年時間與一連串錯誤的對象約會，才領悟到這一點的。我在二十多歲時，對自己想找什麼樣的伴侶毫無頭緒，挑選約會對象的方式就像審核履歷一樣，總是和（大多數）可愛、有趣、有成就的男人交往，但最終發現不適合而分手。當我快要三十歲的時候，看到自己職業生涯的發

展遠超過個人生活成就時，我感到非常懊惱。因此，身為一名企業家，我決定進行一次「離線關係」，獨自去阿卡迪亞國家公園（Acadia National Park）露營，弄清楚自己真正想要什麼。

我從來沒去過緬因州，而我上一個前男友對四星級飯店以下的地方都非常反感，所以這次我可以好好享受重獲的自由，穿著法蘭絨服，在火坑上做晚飯，打地舖一個星期。我收拾好裝備，帶上即溶咖啡、烤棉花糖的材料和蜂蜜威士忌，便啟程前往這個美麗的龍蝦之州。

我的目標是找出不良習慣或問題模式，並制定一套策略改進伴侶選擇過程。當我沉浸在營火的溫暖中時，我寫下了十年來交過的男朋友、糟糕的決定、其間的一切發展，並問自己一些問題，比方說，對方最初吸引我的特質是什麼、最終導致分手的原因，我在交往多久之後就知道注定會失敗，還有意識到這一點之後我又堅持了多久。

我列出了兩份清單：「**不可妥協的事項**」（我知道我的人生伴侶必備的特質、習慣和價值觀），和「**毫不在乎的事項**」（這些條件對於我們是否能成為好夥伴沒有絲毫的影響）。對工作充滿熱情，也有足夠的決心和紀律來創造成就？是的，這一點絕對沒有商量的餘地。具體的職業？不重要。無論生活多麼忙碌，都會抽出時間來維繫兩人的關係？這點非常重要。住在方便的地鐵站附近？沒必要。（還有，身高多少、母校是哪裡？這些都無關緊要！）

將這兩份清單和我的戀愛史並列檢視，問題就一目瞭然了：我過去制定了一套評估成功合作夥伴的標準，將之視為信號，認為只要符合這些標準，對方就可能是我理想的合作夥伴，但事實上我沒有真正檢測過潛在伴侶和我是否有共同的價值觀、願景或發展步調。

與合作夥伴的價值觀、願景和發展步調

每次見到一個創業團隊時，我只關注三個變數來預測成功：共同的價值觀、相容的願景和一致的發展步調。[8]

在創立一家公司時，有太多的未知數，從產品到商業模式，以及可能影響到公司的競爭和經濟力量等，因此共同創辦人之間有太多事不可能事先討論並達成共識。然而，如果彼此有著共同的價值觀，那麼在面臨艱難決策時，就比較有可能達成共識。他們比較重視利潤還是人？更關心速度還是規模？對合作與協力的重視程度如何？學習或贏得比賽哪一個更重要？這些問題都沒有正確答案，但是價值觀不一致的共同創辦人，很難有長久的未來。

成功的創業團隊除了有共同的價值觀之外，還要有相容的未來願景。不管是追求一個可持續經營、現金流充裕、二十年後依然蓬勃發展的企業，還是要成為一家創業投資支持的新創企業，追求快速增長和首次公開募股（IPO），創業團隊必須就公司的「成功」定義達成一致意見，否則他們在試圖打造截然不同的前景時，勢必會在棘手的問題上發生衝突。

最後，**具備成功要素的創業團隊是發展步調相近的團隊**，換句話說，他們以大致相同的速度朝著大致相同的方向前進，不一定要完全同步，可能優先事項略有不同、需要不太一樣的資源、或以不同的方式做出決策，但是放大檢視時，他們顯然正**參加同一場比賽**，而且**屬於同一個團隊**。

---

[8] 這不代表他們的新創公司一定會成功，還有其他因素需要考慮，例如市場規模、商業模式、競爭力、學習速度等等，但這些變數通常可以測試出團隊在面臨真正的壓力時能不能團結，還是會就此解體。

建立投資組合人生就像建立一個新創公司：大部分時間面對的都是未知多於已知，而一開始的樣貌很少會與十年、二十年或五十年後的樣貌相似，這代表我們不可能與潛在的生活伴侶在一開始就討論完所有可能的變數。但是，如果你尋找的人有共同的價值觀、相容的未來願景和一致的發展步調，更有可能建立成功的合夥關係。

　　我在緬因州穿著法蘭絨服、喝著蜂蜜威士忌，享受完週末野營不久之後，在 OkCupid 上收到一封來自布魯克林的律師、演員和作家查斯（Chas）的電子郵件。乍看之下，他並不是我的「類型」，我早就發誓絕不和律師交往（他們太好辯了），他年紀比我小兩歲（對於準備安定下來的我而言可能是個警訊），而且我們身高相同（老實說，在網路交友的術語中，這代表他可能更矮）。但我想起這些細節其實並不重要，所以決定跟他見一面。我會給他一個小時和一杯飲料的時間，看我們在價值觀、願景和發展步調等方面是否相契合。

　　結果，一個小時變成了五個小時，然後是第二次約會、第三次，直到後來都數不清了。事實證明，雖然我們的生活經歷截然不同，卻有完全相同的價值觀。查斯和我也分享著相似的生活願景，包括將創意計畫、政治參與、以發揮影響力為主的職業選擇，和建立一個志同道合、充滿活力的朋友圈。還有，我們的發展步調也是匹配的：我們以大致相同的速度、朝著同一個方向前進，這一點非常重要，因為我們都考慮到結婚生子的事。一年之內，我們共享了洗衣機、烘乾機和兩盆盆栽，不久之後，我們結婚了，買了一間公寓，生了兩個孩子（看到有一致的發展步調有多重要了嗎？）他甚至在我的董事會中占有席位，同時擔任我的談判代表和免費諮詢顧問（嫁給一位律師也是有好處的）。還有，他並沒有謊報自己的身高：我們真的都是六呎高（約 182 公分）。

身為投資組合人生的執行長，你有責任確保自己找到合適的團隊給你支持和建議，以及合作的伴侶幫助你打造一個充實且可持續的生活。做一個連接不同人脈的橋梁，將促進社群的形成，激發合作和創造力。培養個人董事會確保你身邊有一群多元的人，幫助你成長，開啟機遇，也為你的成功喝彩。

　　如果你決定要有個生活伴侶，不妨將其視為共同創辦人，建立共享價值觀、願景和一致發展步調的基礎，來推動彼此的合夥關係。這個團隊將協助你領航。現在，該表明你要前往的目的地了。

Chapter **9**
講述你的故事

> 生活中你唯一能做的就是做自己，有些人愛你就是你，大多數人會
> 因為你對他們的幫助而愛你，而有些人可能根本不喜歡你。
>
> ——美國女性主義作家麗塔‧梅‧布朗（Rita Mae Brown）

　　對一個過著投資組合人生的人來說，最可怕的問題之一就是：「跟我介紹一下你自己吧。」[1]這是一個很難回答的問題，多數美國人都會有默契地把回答定位在自己的工作上，以避免困擾。[2]但對於那些擁有多重角色和事業、在不同領域交集處定義自己身分的人來說，他們會面臨一個困境：我是否應該公開我做的一切（冒著被人認為我自吹自擂或涉獵太廣的風險），還是該壓抑自己放進工整的框架裡，以便能簡單地描述呢？

---

[1] 好吧，這或許是第二可怕的，最可怕的一句話可能是「我是國稅局的，你的稅務資料填錯了。」但現在還不需要擔心這個，我們會在第 11 章討論投資組合人生的財務現實。

[2] 這真的是美國人典型的回應，因為我們將工作視為身分的一部分。有趣的是，在世界許多地方，談論工作或詢問別人的職業被視為不禮貌的行為。例如，在歐洲許多地區，詢問某人的職業可能會被認為是在探詢他們的社會地位，而在美國由於沒有貴族制度的歷史，我們大多認為這只是快速了解他人或尋找共同點的方式。

大多時候這兩種方法都不是正確的選擇，但完全避免談論自己也是很糟糕的作法。你在打造投資組合人生時，必須積極尋求自己想要的機會，這些機會不太可能靜靜地在某個人力銀行等你，或是自己送入你的收件箱裡。雖然你知道個人身分不該由工作或所從事的活動來定義，但你確實需要某種方法來描述你如何分配時間和展現才能。因此，你有必要清楚了解自己是誰、你的專長是什麼，具體地說，你在追求什麼，這樣你的夥伴才能在你需要時現身。

你的能見度有多高？

我剛創辦 Quincy 時，加入了一個名為 TheLi.st 的線上社群，這是由在科技界、媒體、政治和娛樂領域工作的女性和非二元性別者所組成的社群。很難準確解釋我們究竟是什麼，這是 LISTSERV 電子郵件列表管理系統、現實生活的友誼和專業人脈社交網路的結合體。創辦人瑞秋・斯克拉（Rachel Sklar）和格琳妮斯・麥克尼科爾（Glynnis MacNicol）將這個平台描述為提供成員能見度、進而轉化為實際機遇的地方，這裡幾乎每天都提供一個論壇讓社群成員練習自吹自擂，我們稱之為「分享我們的勝利和期望」。這個社群中有投資者、記者、潛在商業合作夥伴和潛在雇主，因此充滿了機會，但前提是他們得先了解你的情況。

前一章提到的盧薇・阿賈伊・瓊斯是作家、公開演講者、podcast 主持人，也是 TheLi.st 的成員，她強烈主張要與人分享自己正在從事的活動和實現目標所需的協助，「不要將夢想藏在心底，要大聲說出來，這樣你的貴人才能找到你。」她強調，「**有些人有通往你夢想之門的鑰匙，但如果他們無從得知你想去哪裡，就無法為你提供那個地方的鑰匙。大聲表達**

自己，說出你的願望，大膽夢想吧。」

我知道對有些人來說，「自吹自擂」聽起來像一個負面用字。沒錯，如果做得太過分，很可能會令人討厭，但是，誠實告知個人實際成就，與自以為是的盲目吹噓之間是有差別的。

為了實現投資組合人生，你必須願意成為自己的行銷長，這代表你得開始講述關於你是誰、你目前從事什麼活動、你的需求是什麼，以及你引以為傲的故事。這不是要你變得令人討厭，而是要提高自己的能見度。**分享你的故事不僅讓別人能夠幫助你，也清楚表明你如何能幫助別人，加強雙方的關係。**

舉例來說，當達娜・霍克（Dana Hork）最近從企業內部行銷主管轉型成為獨立顧問和媒體業務時，她需要好好自吹自擂一番。她正大膽地跨足 Web3 的新興領域，希望與其他同樣採用去中心化和代幣技術的新創企業建立聯繫。但她的簡歷只呈現個人故事的一部分：她與丈夫和兩個孩子疫情期間搬到郊區，已經面臨一個艱難的醫療環境，她也與朋友和社交網路分享這些事情。她「吹噓」的目的，是要分享她新事業的奮鬥歷程並尋求幫助，但同時也是為了提供幫助：她在之前工作中累積豐富的經驗，涵蓋了電子商務、時尚，以及與白宮合作解決尿布短缺問題等。任何考慮搬到郊區或處理相同醫療問題的人，都可以向她尋求這些個人問題的相關建議。她分享個人專業成就並不是為了誇耀自己，分享故事是她給予和接受支持的方式。

你可能認為鋪陳個人故事只是在社交場合或在 LinkedIn 上發布更新時才需要做的事，但你行銷自我的方式對你的生活造成的影響，可能遠超乎你的想像。有時候，機會就在你在雜貨店排隊或在公園遛狗、甚至在芭蕾舞劇院洗手間裡等著你。

美國芭蕾舞劇院《睡美人》（*The Sleeping Beauty*）中場休息時，瑪麗亞❸正在洗手間洗手，旁邊一位女士稱讚她的口紅，她說了聲謝謝，停頓一下，隨後補充說，這是她為自創的美妝品牌下一季產品系列測試的色調。瑪麗亞與那位女士聊了起來，談到自己從舞者轉型為企業家的經歷時，另一位在洗手間排隊的女士開口說道：「不好意思打岔一下，我剛聽到你說你自創了一家美妝公司，我曾經是雅詩蘭黛的高層，現在退休了，投資了幾家公司並為其提供諮詢。如果你有興趣的話，我很樂意跟你要一張名片，這個星期找時間一起共進午餐，多了解一下你的品牌。」

瑪麗亞感到非常興奮，正當她翻著包包尋找名片給那位高層時，站在洗手檯旁的女人也加入了對話，「我也想要你的名片，下個月我們公司要舉辦一場女性領導者的午宴，我希望和你談談參加活動演講的事情，你的故事非常勵志，也許我們可以將那款口紅放入禮物袋中！」瑪麗亞驚訝不已，她的公司一直面臨困境，她都已經開始思考是不是應該結束了，現在她有了兩個千載難逢的機會，可以為她的公司提供急需的助力，而這一切都是因為她在面對讚美時勇敢地誇獎了自己的品牌，而不是尷尬地說聲「謝謝」就避而不談。

我真的必須自我宣傳嗎？

我知道有人對此還是不確信。「為什麼我一定得自我宣傳呢？為什麼我不能就在工作上好好表現，等待應得的認可呢？」我非常理解這種猶豫。

我們常看到有些人只會說大話，缺乏實質內容，他們經常吹噓自己的工作，卻好像沒有太多實際成果，因此，不想讓自己看起來

像那些討厭鬼一樣。《沒人看見你的好，你要懂得自己誇》（*Brag Better*，繁體中文版由方智出版）作者梅樂迪斯‧芬曼（Meredith Fineman）稱之為「乏善可陳的高調者」（lackluster loud）。她也同意他們確實令人討厭，但這不代表你可以完全避談自己的表現，有效的自誇「不需要虛張聲勢、誇誇其談，或假裝自己很有資格。」反之，她要求所謂的「合格的沉默者」（Qualified Quiet）得「提高音量」，這些人已經完成了工作，只是不常談論而已。

最重要的是：你需要突顯自己才能獲得機會，**推動你成功的人往往不是你已經認識的人，而是那些他們認識的人。**[1] 提高你在社交網絡中的能見度吧。

弱連結的力量

美國社會學家馬克‧格蘭諾維特博士（Dr. Mark Granovetter）於 1973 年發表關於社交網絡的重要論文，[2] 名為〈弱連結的力量〉（The Strength of Weak Ties）。❹文中，他提出了一個所謂「弱連結理論」的新觀點，解釋為什麼訊息的傳播速度和新奇感，在關係鬆散的人之間遠遠超越了更緊密相連的人際網絡。雖然人與人之間的強連結對於真正的社群十

---

❸ 應瑪麗亞的要求，一些身分辨識細節已經做了修改。

❹ 當時的社交網絡主要建立在現實世界中，然而後來的研究證明，他的發現在虛擬的數位世界中也能無縫接軌。

分重要，但也可能自我設限，總是在同溫層中重新分享已知的新聞、觀點和訊息。另一方面，**弱連結則比較有可能存在於異質群體之間，因此可以引入新觀念，促進創造力，並提高訊息傳播的速度。**

說到人際網絡——尋求和分享專業及個人機會——那些弱連結關係將是你取得最多進展的地方。然而，這些人當然也可能是最不了解你的人，因此你的責任是提供一個清晰、簡潔、可重複的故事，概述你是誰、你的專長是什麼以及你有什麼需求，給他們一個難忘的故事，他們就可以為你開始尋找機會。

我打算離開創業學院再次開創自己的新事業時，發了一封電子郵件給 TheLi.st，概述我過去的成就，包括開設紐約辦事處、贏得二十五萬美元的資助、協助將近一百五十名年輕專業人士投身新職業、指導開設另外三個辦事處、獲知名媒體大幅報導等。我告訴他們我下一步想做的事：專心推動更多女性進入科技行業，踏入科學（Science）、科技（Technology）、工程（Engineering）和數學（Math）也就是 STEM 領域。

其中一位 TheLi.st 成員認識一家慈善基金會，有興趣資助女孩進入 STEM 領域的計畫。她把我介紹給一位董事，我們開始討論這項專案，教導女孩們和其他在科技領域中沒有得到平等機會的社群，來學習科學編碼，利用科學數據集和探究式學習激發學生對電腦科學的興趣。該董事希望這個資助計畫設在美國自然歷史博物館，我同意負責展開行動。最終，海倫‧格利‧布朗基金會（Helen Gurley Brown）授予我們為期五年 750 萬美元的資金，用以支持 BridgeUp 發展 STEM。

一封闡述我個人成就和需求的電子郵件，一個不熟的朋友為我牽線，為我下一個冒險行動提供了全額資金。然而，這份弱連結之所以推薦了我，是因為我先宣傳了自己。❺

如何打造你的故事？

好，你現在相信了你有必要成為自己的行銷長，但是你想要宣傳什麼故事呢？在回答這個問題之前，讓我先介紹一個行銷架構，稱之為「他們買什麼／你賣什麼？」。

想像一下，你剛搬進新家，想要在牆上掛一面大鏡子，你發現需要鑽個大洞安裝一個錨，以免螺絲從石膏牆板上脫落。問題是你家沒有電鑽，因此你去了一家五金行，協助你的售貨員很可能開始滔滔不絕地解釋產品功能、技術規格、製造工藝的細節，或是這個工具為何優於強勁的競爭對手 10% 的複雜科學，試圖促成這筆交易。

重點是，你來這裡並不是為了買一台有特定功率等級或能在一小時內快速充電的電鑽，老實說，你可能根本不是想買電鑽，只是希望能夠租用一個下午，或是最好雇用某人來幫你完成工作，因為你真正需要的，只是能夠安全穩固地掛起鏡子。看到問題了嗎？他們試圖向你推銷產品，而你實際上是來找解決方案的。

現在，讓我們將這個架構應用到工作情境中：想像一下，你正在接受面試成為一位企業家個人的行政助理。與其把注意力集中在自己身上，背誦簡歷中的事情和數據，你更應該關注自己可以為對方解決什麼問題，例如理清那一堆收據、整理他的收件箱，並優化即將到來的出差行程，將一個噩夢變成了近乎愉快的體驗。你可以幫助他輕鬆應對各種事情，讓他

---

❺ TheLi.st 對我的社交和個人生活同樣具有重要影響力，不論是介紹我尋找律師談判婚前協議、在我搬到波士頓時介紹新朋友給我、提供政治和非營利組織的志工服務機會、或是分享托兒資訊，這些都是職業和個人生活交織的另一個例子。

專心處理那些對業務影響最大的重要事項。你可以使他從疲憊不堪變成專注有序，將他推向事業的顛峰。明白了嗎？

在講述個人故事時，你必須聚焦於你能提供的解決方案，而不是簡歷上列出的「產品規格」。對於擁有多樣化技能和經驗、多元化生活的人來說，這點尤其重要。因此，當有人要你介紹自己時，你的目標不是依序（一口氣地）背誦三分鐘的簡歷，而是分享你能提供哪些解決方案。

不確定這究竟是什麼意思嗎？讓我舉個例子。邁克・斯拉（Mike Slagh）在成為 Shift.org 創辦人兼執行長前，曾是一名專門負責拆彈任務的海軍軍官。他離開軍隊之後，想在科技領域找份工作，但他進不了這個產業。除了他在美國海軍學院和哈佛大學甘迺迪公共政策學院的教育背景「有點令人印象深刻」之外，沒有任何招聘經理能夠理解他之前的經驗。最重要的問題是，他之前是在美國軍方這樣高度規範的工作環境，到了像矽谷這種快速變化且常常含糊不清的世界，是否會讓他難以成功？

邁克的資歷和軍職紀錄使他獲得科技公司初次面試的機會，但他一直都未被錄用，因為他沒有講出一個吸引人的故事，他表示：「面談時我不應該一直花時間解釋軍事職業專業系統，我應該一開始就強調『退伍軍人在混亂的情況下表現出卓越的判斷力，就像呼吸一樣自然。』」

天哪，這樣的自我介紹確實令我驚訝不已！短短一句話，就讓我對邁克了解許多，他對未知和不可預測的情況（這正是早期新創公司的定義）感到從容自在；在資訊有限的情況下做出艱難決策這方面，他有豐富的經驗（「就像呼吸一樣自然」）；他對於想要加入的新領域有足夠的了解，向我展示了這和他以前的世界之間的關聯。你可能會說，這種陳述適用於所有退伍軍人，而不是特定指邁克，這也沒錯，但是他能夠提煉出自己的價值觀，並以這種方式回答問題，確實讓我對他有多一些了解，這突顯了

他對背景的理解及其溝通能力。

「既然我已經引起了你的注意，我們可以談談我在拆彈任務的經驗，如何使我成為世上最優秀的問題解決者之一，」他指出，「或是談談外界對軍隊的看法，大多忽視了我們在外國的堅韌與創業精神，我們在資源有限、沒有遊戲規則的情況下，總是在灰色地帶行動。」我不需要充分理解邁克充滿技術性的簡歷，就能看出他能為我的組織提供什麼。他讓我了解他以前的經驗如何能協助解決我當前和未來的問題。

這對於大多數人來說並不容易，對於那些曾在軍事或醫學這種充滿專業術語的領域工作過的人來說更是困難。然而，用簡單的語言串聯起各方面的經歷，是跨足多領域或實現意外職業轉型的關鍵。

拋開專業術語，改說易懂的話

那麼，你要如何擺脫專業術語，用通俗易懂的語言來敘述自己的故事呢？首先，找到一個翻譯者，其次，像單口相聲表演者一樣，不斷精煉你的表達方式。讓我來解釋一下。

我打算從歌劇界轉入商業界時，努力想將以前的工作轉化為與其他領域相關的經驗和技能（為了製作普羅高菲夫〔Prokofiev〕的《戰爭與和平》安排馬、狗和山羊進行彩排這類經歷，總覺得似乎不符合我瞄準的企業文化）。有一天，我商學院的同學珍（有營運背景，負責管理一家大型醫療保健公司的製造廠）問我關於我在紐約大都會歌劇院的工作情況，我不知該從何說起，她甚至從未看過歌劇。

於是她重新設定問題：「說說你在工作中經歷過最困難的一個時刻。」我便分享了一個特別棘手的故事，牽涉到歌劇女伶的爭吵、失蹤的租賃巴

士、嚴格的工會規定、紐約市公園管理局的政治糾紛、還有大約四十多位兒童合唱團成員。她繼續追問：「具體來說，什麼因素讓那件事變得這麼困難？你得到了什麼支援？為什麼歌劇界會這樣做？」當我講完後，她向我反映她聽到的內容，將我獨特的經歷轉化成外行人能理解的普遍情境。雖然我的職稱是「排練助理」，但我的工作是典型的營運管理，我在應對歌劇演唱家強勢個性方面的專長，很容易轉移到客戶服務的情境中。同樣重要的是，我善於在業務和創意之間進行協調，平衡不同的優先順序和文化差異，並指導團隊成員共同合作。

有了新的詞彙和對工作的自信，我相信我的工作價值不僅局限在歌劇院那由紅色天鵝絨覆蓋的牆壁之內，我開始尋找機會不斷練習講述我的故事，就像在全國各地喜劇俱樂部中巡演的單口相聲表演者似的，不斷地完善自己的表達，我一遍又一遍地講述我的故事，直到敘事變得流暢為止。我在星巴克排隊等咖啡時與人對話、向同學介紹自己、甚至在第一次約會時也這麼做，以熟悉這種新的語言，並從我的聽眾那裡學習：他們在哪方面持懷疑態度？有什麼地方不夠清楚？他們是否了解我過去做的事情？我為什麼想改變？講故事者和聽眾之間的互動十分重要，透過講述你的故事，而不僅僅是私下背誦，你給了聽眾與你一起修改和完善故事的機會，共同創造一個真正動聽的敘事。

案例研究：從急診室醫生到高階主管

夏洛特・勞森（Charlotte Lawson）辭去急診室醫生的第一份職業後，取得 MBA 學位，並成立了一家軟體新創公司，徹底改寫了自己的故事。夏洛特自認為是追求卓越表現的人，她曾經是校隊選手，參

加過十二個賽季，並以優異的成績從賓州大學畢業，獲得神經科學學位，隨後繼續在該校攻讀醫學院。她搬到北卡羅來納州完成急診醫學住院醫師培訓，當時她並沒有打算再回到學校攻讀商學（或是其他任何學科）。

然而隨著她的職業發展，她對於將新技術引入臨床現場的過程感到沮喪。她看到科技影響各方面的生活，從交通到食品雜貨到旅行計畫，而在急診室裡卻窒礙難行，美國的醫療保健體系並不支持醫生在提供護理方面進行創新的嘗試。同樣令人沮喪的是，她有許多大膽的想法，但缺乏實現這些想法所需的技能和人脈關係。夏洛特非常關心醫療保健領域徹底變革的機會，讓她願意放棄她的聽診器和醫生白袍，轉而投身到合約和複雜的財務模式。

夏洛特的個人生活也發生了轉變。在她的住院醫師培訓期間，她公開出櫃並離婚，鼓起勇氣將真實自我完整展現在生活的各個方面。「出櫃後，我允許自己大聲說出我是誰、我想要什麼，以及我的需求是什麼。」在她開始攻讀 MBA 時，已經再婚，而她的妻子正懷著她們的第一個孩子。這時對夏洛特來說一切都豁然開朗了。

在她的第一年創業課程中（坦白說，是我教她的），她發現在急診室接受的訓練與早期新創公司創辦人的工作非常相關：「我已經習慣了在資訊有限、時間緊迫的情況下做出高風險（甚至攸關生死）的決策，我也經常必須在當下盡力而為，並從錯誤中汲取教訓，以便下次做得更好，而不是為了自己的不完美而自責。我無法獨自做到這一點，在急診室裡向來都是團隊行動的。」

第一年結束時，針對居家診斷測試和大規模的醫療保健服務，她已經對軟體解決方案有了初步構想，也很快地找到了兩位共同創辦人

參與其中。在接下來的一年裡，隨著他們籌集到資金，建立了一個團隊，同時獲得第一批付費客戶，其中包括一家重要的地區醫療系統和兩家全國性的居家服務供應商。她一遍又一遍地講述她的故事。

每次重複講述時，她都在精煉故事的傳達方式，不再著重於自己在急診室（令人印象深刻）的經歷，反而是強調身為一名軟體公司執行長的日常工作，雖然與醫生的臨床工作有著天壤之別，但她在醫學領域培養的高效、高風險決策的肌肉記憶，推動她成為一名成功的創業家。

此外，她提醒聽者，在醫療保健行業的資深經驗為她帶來可信度，足以為她的健康科技新創公司吸引人才、資源和客戶。夏洛特成功將她之前的職業生涯定位為「不公平的優勢」，不再有人質疑她是否有資格建立自己的公司。

請注意，你講述的故事必須針對特定情境。當夏洛特回答飛機上「是否有醫生在場？」的求助時，[6] 她明智地提到自己是急診室醫生，這對於頭等艙心臟病發作的乘客來說，比坐在附近的血管外科醫生或內科醫生更切身相關。

然而，在和感興趣的投資者或潛在客戶交談時，這些細節就不再重要，因為他們要「購買」的是一位充滿野心、有遠見的執行長，而不是一位提供醫療救助的醫生。只有在試圖「販售」她的卓越經歷、在高風險環境中與團隊合作的能力、以及了解她新創公司選擇的行業等方面，她的醫生背景才是相關的。

---

[6] 當然，這是發生在她前往新創公司銷售會議的旅途中。

如果討厭說自己的事怎麼辦？

我完全理解很多人對於自我推薦一事覺得困難，無論他們多麼清楚自己為什麼該這麼做，在談論自己時還是會感到不自在，最糟糕的情況是覺得好像在炫耀。因此，我們來討論一些方法，如何讓你更熟悉這種不可或缺的技能。

首先，試著**以第三人稱寫下你的故事**。為什麼？幾乎每個人都會對朋友的成就感到興奮，就連無法誇耀自己成功的人也一樣。我們通常擅長讚揚自己愛的人，好讓身邊每個人都知道他們有多棒。你在練習談論自己時，不妨以第三人稱形式來做，假裝你正在描述你那位令人驚歎的好朋友，而他恰好和你同名同姓。

其次，回想第 4 章中提到的咖啡聚會，你的朋友和同事是如何談論你的？如果你記不得具體內容，不妨和其中的三到四位聯絡，請問他們會怎麼向陌生人描述你這個人。或是跟著他們去參加聚會，注意他們如何向親友或同伴介紹你，你或許會訝異他們能如此輕鬆地讚揚你最大的成就和特質。

最後，不要認為你是在自我吹噓，而是當作**為你最支持的對象解決問題**。想像一下，你最好的朋友突然在電梯裡遇到你最想見的人，他們或許只有一兩分鐘能向對方闡明為什麼你是有史以來最棒的人。如果你已經給了你朋友一個清晰的故事，他們就能輕鬆地分享給對方，幫助你夢想成真。但如果他們對於你目前正在從事的事或為何對方該和你見面的原因並不清楚，就會在介紹時支支吾吾，或更糟糕的是保持沉默。

愛你的人想要幫助你，但他們需要工具才能辦到，提供這些工具是你的責任。以下提供清晰明快介紹自己的小技巧。

一頁、一段、一句

好，該開始行動了！拿出記事本或筆記型電腦，開始打造你的故事。我們將借用行銷界稱為「一頁、一段、一句」的一種技巧。首先，寫下一頁完整的故事版本，將其視為個人網站上的簡介，或頒發獎項給你之前別人對你的介紹。然後，將那一頁的內容濃縮成為一個段落，五到七個精心設計的句子，直接表達出你是誰、你有什麼長才。把這段文字想像成朋友代表你發送的電子郵件介紹，或在電梯上的快速推薦。最後，我們要像詩人或外科醫生一樣，巧妙地將那段文字精煉成一句話，這句話不可能涵蓋全部的你（怎麼可能呢！），但絕對很吸引人，會讓聽者要求：「再跟我多說一些吧。」

一頁

正如法國哲學家兼數學家布萊茲・帕斯卡爾（Blaise Pascal）曾指出的：「我本來想寫一封更簡短的信，但我沒有時間。」要達到言簡意賅真的很不容易。因此，我們將從反方向開始，先寫下一頁關於自己的介紹。

你可以按照自己喜歡的方式來編排你的敘述，但我發現通常大致包括四個主要部分，每個主題大約一個段落：

1. 你是誰？／你目前正在從事什麼工作？
2. 你以前從事過什麼？
3. 除此之外，你還在乎哪些事？（如董事會職位、志工服務、興趣和個人計畫等）
4. 展現你人性化那一面的個人資料（如寵物、家庭、和趣事）❼

在你開始動筆之前，回顧你的文氏圖。與其按時間順序講述特定職位的故事，不如提升層次看整個大局。你的文氏圖中有哪些圓圈，你希望如何在個人故事中優先考慮這些？比方說，你是一位擅長程式編碼的爵士音樂家，還是一位會吹奏薩克斯風的軟體工程師，又或是一位認為程式編碼和即興表演有相似之處的工程師兼音樂家？融入一些個人細節，展現你專業頭銜之外的多彩生活。

你完成了一頁草稿之後，傳送給個人董事會，詢問這有沒有捕捉到你的本質和獨特之處，你的性格特點有展現出來嗎？你是否有充分自我推薦？內容夠不夠清楚、簡潔且令人難忘呢？不斷調整，直到最了解你的人認為這聽起來像是你的故事為止。

以下是典型的一頁簡介：

史蒂芬妮・阿爾德曼（Stephanie Alderman）是一位業務經紀人，與知名音樂家、大型巡迴演出藝人和新興詞曲創作者合作。史蒂芬妮在音樂界已有二十年經驗，其中超過十五年專注於業務管理。她相信每位藝術家都應該有一個財務合作夥伴，協助引導他們達成事業和個人目標。

身為一位受過訓練的古典鋼琴家，史蒂芬妮的商業管理之路並非線性發展。在英特洛肯藝術學院（Interlochen Arts Academy）和密西根州立大學練習室中練習奏鳴曲和練習曲期間，她也開始對音樂界商

---

❼ 這些資訊都是「有趣」的，就像下班後「有趣」的社交活動一樣。雖然本身並不有趣，但讓同事們有機會更立體地認識彼此，對工作還是有用的。

務方面產生濃厚的興趣。在密西根州立大學獲得音樂表演學位後，她搬到納什維爾（Nashville），在貝爾蒙特大學（Belmont University）獲得了音樂商業管理方面的第二個學位。

她在貝爾蒙特大學畢業後，開始在音樂產業中積累各種豐富的經驗，包括藝人管理、宣傳和巡演製作等。當她有機會加入一家商業管理公司時，她知道自己找到了完美的角色，能夠充分發揮自己強大的財務管理技能，以及深刻理解音樂家和藝術家並與之建立真誠連結的能力。

史蒂芬妮原籍密西根州蘭辛（Lansing），她是學術榮譽學會（Phi Kappa Phi）、國際商學榮譽學會（Beta Gamma Sigma）、鄉村音樂學院（Academy of Country Music）和鄉村音樂協會（Country Music Association）的成員。與丈夫尚恩和三個富有創造力和精力充沛的兒子定居在富蘭克林。

一段

辛苦完成了一頁的自我介紹之後，如果你願意的話，下一個任務就是將那一頁精簡成 100 至 150 個字。我會幫助你進行第一次刪減：先刪掉有趣的事！最多只保留七句話，[8]沒人需要知道你對盆栽的熱愛（除非你兼職從事園藝）。反之，我們將按照以下的段落結構，呈現一幅立體的面貌：一句話概述你是誰；一句話描述你目前從事什麼；用兩句話總結你以前的經驗和技能，按主題或影響力分組，而非按時間順序；然後用一兩句話勾勒出你的多元工作組合輪廓。如果你在狹窄專業領域之外有一個相對有名的成就，不妨以此做結。

以下是我們將史蒂芬妮的一頁簡介精簡成一個強而有力的段落：

史蒂芬妮‧阿爾德曼是一位業務經紀人，與知名音樂家、大型巡迴演出藝人、和新興詞曲創作者合作，有超過二十年的經驗。身為一位受過訓練的古典鋼琴家，史蒂芬妮擁有表演和音樂商業管理的雙學位。從巡演製作到宣傳活動當中累積豐富的經驗之後，她在商務管理方面找到了自己的最佳定位，充分發揮她財務管理長才，以及與音樂家和藝術家建立真誠連結的能力。史蒂芬妮是土生土長的密西根州人，目前與丈夫和三個兒子一起定居於田納西州的富蘭克林。

哇！簡短的陳述充滿力量，讓人想更深入了解史蒂芬妮。

一句話

你準備好了嗎？這是三個任務中最困難的。再次強調，這裡的目標並不是要用幾十個字總結全部的你，而是要勾勒出你是誰、你活躍在哪些領域當中、以及你在這些領域扮演的角色。如果做得好，這個句子應該是夠清楚且令人難忘的，為進一步了解你提供一個框架。聽到你這句話之後的最佳回應是什麼呢？「再跟我多說一些吧。」

以下是我最喜歡的範例：

- 達斯汀‧格羅維克（Dustin Growick）是一位科學傳播者，介紹地球上最酷的地方背後的故事。

---

❽ 現在不是模仿詹姆斯‧喬伊斯（James Joyce，編按：愛爾蘭詩人）挑戰逗號和句子結構的時候，保持簡單就好。

- 辛蒂・蓋洛普（Cindy Gallop）是商業界的麥可貝（Michael Bay，譯注：好萊塢名導）：她喜歡「炸毀一切」。
- 艾蘭・摩根（Elan Morgan）信奉卓越的設計、優質的寫作和真誠的社群，主要工作旨在推動網路朝著這個方向發展。
- 巴拉騰德・瑟斯頓（Baratunde Thurston）是一位未來主義喜劇演員、作家兼文化評論家，協助重新推出崔弗・諾亞（Trevor Noah）主持的《每日秀》（The Daily Show），與人共同創辦了 Cultivated Wit 喜劇創意公司和 About Race 種族議題 podcast，也是紐約時報暢銷書《如何成為黑人》（How to Be Black，暫譯）的作者。

如何將史蒂芬妮的經驗濃縮成一句話呢？根據不同的聽者，可能有不同的方式，以下是我最喜歡的版本：

史蒂芬妮・阿爾德曼是納什維爾音樂人的財務仙女教母，她相信所有的藝術家，從新興詞曲創作者到大型巡迴演出的藝人，都該有一位能幫助他們實現目標的商業經紀人。

善用網路提高能見度

現在你已經準備好一頁、一段和一句的自我介紹，那麼應該存放在哪裡呢？如果主要目標是提高能見度，首先必須放到網路上。在網路上被人發現就好比五十年前被列入電話簿中，除非你的名字很普遍（比如珍・史密斯）或完全不用網路，否則可能早已在網路上留下了個人工作和業餘

活動的足跡。但這些或許無法完整呈現你想向世人展示的故事，因此至少要建立一個個人網站，以自己的方式提高能見度。

　　網站是確保你的工作不必一直透過分享就能被人看到的關鍵，將此視為發布個人投資組合詳細訊息的機會，讓別人容易找到你。把「一頁」版本的故事做為「個人簡介」部分，投資一些高品質的照片，符合你希望呈現的形象（比方說，如果你自稱是前衛的表演藝術家，就不要用尷尬的公司大頭照）。網站的內容和數據要納入別人可能會用來搜索你這類人才的關鍵字（利用 Squarespace 或 Wix 這一類的供應商模板，很容易設置），同時務必留下你的聯絡方式，無論是透過網站本身的聯繫頁面，還是分享一個你不介意公開的電子郵箱。

　　你或許也可以考慮在 LinkedIn、社交媒體個人簡介和任何你所屬的校友名錄當中發布完整的個人簡介、段落或句子。你的投資組合人生越是不為外界理解，就越需要確保你講的故事夠清楚、一致，而且容易找到。

　　我們已經談論了做為自己投資組合人生的執行長和行銷長的主要任務，就是要建立一個支持你的團隊，並打造一個連貫的故事，好讓機會找上你。接下來呢？要想辦法讓這一切融入一天二十四小時當中，這就是營運長的工作。

Chapter 10
管理你的時間

我們如何度過每一天，最終都會反映我們的一生。我們這一小時和那一小時做的事，就是我們當下的生活。

—— 美國文學家安妮·迪拉德（Annie Dillard），

《寫作的生活》（*The Writing Life*）

　　首先，我欠你一個道歉，所有的時間管理書籍也是。我在第 6 章提到碧昂絲一天也只有二十四小時，但其實不是，她有一個助理團隊，包括保姆、管家、造型師、私人購物助理、旅行經理和財務顧問等，為她扛起成為世界級表演者的重責大任。你不需要將自己的投資組合人生或生產力與碧昂絲相較，她也不是唯一一個你不應該與之比較的人。

　　事實上，那些十九歲還沒有孩子的人、有能力聘請管家的人、有伴侶共同分擔責任的人、每天花兩小時通勤的人、或是要照顧年邁親屬的人，**每個人的二十四小時看起來都不同**，可支配的時間因人而異，而且必須注意的是，我們沒有相同的資源。因此，在閱讀本章時，盡量不要與任何人比較（包括過去的自己），反之，要給自己機會去探索如何將你的投資組合融入現在的生活中。

　　其次，正如我之前提到的，我並不認同「奮鬥文化」，投資組合人

生不代表要不停地工作。對於長時間工作的迷戀似乎源自於 2008 年金融危機後科技文化爆炸性增長時期。最能體現這種理念的莫過於 WeWork 的創辦人亞當‧紐曼（Adam Neumann）和該公司著名的口號「再拚一波」（Hustle Harder）和「謝天謝地，今天是星期一」（Thank God It's Monday）。這風氣忽視了經濟和現代職場的結構性問題，將成功的重任轉嫁給個人，堅信只要夠努力，就能賺大錢（或至少足夠支付租金和學生貸款）。這種有毒的工作崇拜宣揚了十年之後，Reddit 聯合創辦人兼創業投資者亞歷克西斯‧奧哈尼安（Alexis Ohanian）終於在一個著名的科技大會上公開譴責對全天候努力工作的崇拜：「奮鬥狂熱是當前科技界最有害、最危險的事情之一。」[1] 為了你想要的而努力工作是有道理的，也許有一段時間你的投資組合可能同時處於關鍵時刻，但我們的目標是把這種情況當成例外，而不是通則。「Rise and grind」（起床幹活了）應該只是咖啡師的口號。❶

　　然而，每天都被這種心態包圍著，要抵制它是很困難的，這一點我有深刻的體會。大學期間，我充分利用每一天的每一分鐘，每學期修讀 23 個學分，同時兼職三份工作，也在多個學生社團擔任領導職務，最終以優異的成績畢業。這也是我在畢業幾個月後就同時感染肺炎和單核細胞增多症而住進醫院的原因。即便如此，我還是認為個人價值與工作成就不可分割，事實上，那天晚上我違背醫囑，自行出院，跑去《生命的旋律》（Sweet Charity）音樂劇的演奏樂團中彈奏鋼琴，在演出結束後才又重新

---

❶ 譯注：Rise & grind 意指早上起床後立刻開始努力工作，美國星巴克以此做為杯子上的標語，是利用 grind（研磨）這個字的雙關修辭。

入院。這不是在炫耀，而是一個被誤導只知道追求成就、缺乏自我價值感的二十一歲年輕女孩的自白。

美國的信念是，我們的價值取決於工作成果，且一眨眼就會被取代。這兩種信念導致與工作相關的壓力激增，造成長時間工作的美國人罹患抑鬱症、心血管疾病和慢性疾病的比率顯著升高，這些後果都不是靠冥想應用程式或用有機薰衣草油泡澡就能抵消的。再多的 #selfcare（自我關懷）都無法解決一些流行病學家估計目前美國成年人第五大死因的問題。[2] 正如「美好生活實驗室」（Better Life Lab）podcast 創始人布莉姬·舒爾特（Brigid Schulte）所言，這些都要「歸因於公共政策有利於企業而不是員工、美國公司組織管理工作的方式，以及我們信奉的文化規範認為獻身給工作不僅賦予個人身分和價值，也幾乎是一種神聖的責任。」[3] 難怪我們自然而然就將工作置於一切之上。

因此，說到時間管理，我們必須開始進行一些重新調整：個人價值與工作是分開的，你值得擁有健康和幸福，你的人際關係、個人成長、休息時間和快樂都是生命中不可或缺的。

為了確保你聽到了，讓我們再說一遍：

- 個人價值與工作是分開的。
- 你值得擁有健康和幸福。
- 你的人際關係、個人成長、休息時間和快樂都是生命中不可或缺的。

希望你已經了解這些事了，即便如此，你可能還是需要幫助，在不利於你的環境中以不同的方式管理你的時間，因為過度工作不僅發生在你覺得必須要做的工作，也發生在你**想做的事**。

你的投資組合人生當中那些能夠帶給你成長、喜悅和社群連結，若與現實生活有限的時間相衝突時，會發生什麼情況呢？你越是熱愛你做的事，就越容易對每個機會都說「好」！然而，要使投資組合人生的模式長期發展，你必須要建立系統並設定時間界限，否則你將面臨壓力、不堪重負和燃燒殆盡的風險。相信我這個過來人的經驗（次數多到我都數不清了），燃燒殆盡不是好現象。要把自己當成生活的營運長，負責分配你最寶貴的資源（時間），最重要的是，要拒絕那些不值得你投入時間的事。

在商業世界，營運管理是我最喜歡的領域之一，讓我從中尋找管理有限資源的靈感和架構，有三個概念對我的時程安排特別有幫助：

一、 產能利用率（Capacity utilization）
二、 關鍵路徑（The critical path）
三、 計畫停工時間（Planned downtime）

這三種工具加起來能幫助你建立、管理和解決時間表的問題，持續支持你的投資組合。如果你覺得時間不夠用，請評估你的產能利用率；如果你想兼顧多個領域，請分析並調整你的關鍵路徑；如果你感到精疲力竭，請評估你的計畫停工時間。接下來，讓我們仔細檢視每一個工具。

產能利用率：計畫你的工作時間

產能利用率是一個公式，基本上如同字面意義：是用來計算目前的資源利用情況，這是將目前的資源使用量除以資源總供應量得出的數值。知道我們是否逼近最大生產能力，有助於了解自己是否有空間接受新事物，

還是可能面臨燃燒殆盡的風險。同時也可以讓我們了解自身能力在不同時期的變化，得以在造成不必要的壓力之前預先調校承諾。

$$\frac{資源使用量}{資源總供應量} = 利用率$$

比方說，如果一家工廠每天最多可以生產 100 個小零件，但實際上只生產了 50 個，那麼產能利用率就是 50%，這表示工廠有一半的時間處於閒置狀態，還有能力承擔更多工作，每天最多還可增加 50 個小零件的生產量而不會過度負荷。或者，他們可以選擇在閒置期間將工廠出租給另一家公司，從閒置產能中賺取一些額外收入，也可以利用這個空間和時間舉行員工舞會、臨時西洋棋大賽，或根據優先事項做其他事。這麼說很清楚了，對吧？

應用到我們的生活中，「產能」是一種思考方式，用來衡量我們在任何特定時期能承擔的總工作量，而「利用率」實際上反映了我們的忙碌程度。

$$\frac{已承諾的工作時間}{可運用時間} = 個人時間利用率$$

在傳統的單一職業中，評估這一點相對容易：將你在工作上花費的時間加總起來（根據你所在的行業和角色，可能每天七至二十小時、每週四到七天），再除以你一週內的非睡眠時間，這就是你的利用率，而且可能每週都非常穩定。當然，實際情況會比這種描述複雜多了，例如會計師的

報稅季節或零售業的假期高峰期等，可能需要投入的工作時間會是平時的兩倍。然而，一般而言，工作占去了必要的時間，而生活中其他可利用的時間大致是固定的。

管理投資組合人生就更複雜了，不僅因為多項工作流程和計畫要更多時間，且每個項目可能都有各自的發展步調和緊要關頭。在個人的投資組合中，每項活動在時間上都有兩個面向：需要**多少時間**和**發展步調**❷。例如，在例行賽季內，指導社區足球隊可能需要每週兩小時的準備時間、兩小時訓練時間以及三小時的比賽時間和賽後回顧，如果你的隊伍進入聯賽季後賽，就需要額外的訓練時間和比賽安排。訓練和比賽時間是固定的，而準備時間是彈性的，每週總共需要投入七個小時。

說到我們的產能管理，基本上就是將每個活動平均所需時間相加，確保我們承諾的總和不會超過實際的可用時間。❸將生活中的可用時間利用到極致，就是所謂的百分之百利用率。

然而，百分之百利用率的問題在於，若碰到緊要關頭（即承諾時間超出平均值），你會沒有任何轉圜空間（如季後賽的額外訓練和比賽），也不能容許出任何差錯、生病、意想不到的狀況、或生活突如其來的變數。百分之百的利用率是不可持續的。❹

營運管理專家會告訴你，世界一流的生產線利用率通常被認為是

---

❷ 在這個情境中，我將步調（cadence）定義為工作的頻率和彈性。

❸ 還是有很多人習慣犧牲睡眠時間，想要完成更多工作，這代表實際上超出了百分之百的利用率，這些時間本應該是「不可用的」，然而……

❹ 這就是我討厭「付出百分之兩百的努力」這句話的原因之一。

85% 左右。[4] 這代表總可用生產時間有 15% 被刻意留作緩衝，這個額外產能可以用於維護，使機器保持最佳狀態；在出現人為疏失或設備故障時提供彈性，可以重新完成工作並按時交付；同時，也為意外激增或管理層希望容納的緊急訂單提供了一些空間。

我要再次強調，你投資組合承諾的**時間上限應該是 85%**，不是 100%，也不是 200%，而是 85%。[5] 你必須預留空間因應突發需求、故障、重做和維修保養。

你目前的利用率是多少？

讓我們暫停一下，先來檢視你目前的時間利用率，這會讓你清楚了解自己目前的投資組合有多少實質可用時間。

步驟 1：確定分母

首先，你需要確定計算公式中的分母數值，也就是你每週要分配多少小時為「可用」時間？有些人會選擇只扣除必要睡眠，將剩餘時間都標記為可用時間；有些人可能希望在一週裡封控個人護理時間，如洗澡、進食、冥想或其他必不可少的活動。我的原則是，將生活中必須完全保護的時間都標記為不可用。例如，我目前將睡眠時間、基本個人照護（如洗澡和吃早餐）、我家人早上起床到出門的時間、以及孩子們晚餐至就寢時間等，全都標記為「不可用」（如果我挪用了這些時間，就等於超過百分之百利用率）。最後，我每天大約剩下 12 小時可供我進行各項工作，平均一週有 84 小時。[6] 確定你自己認為「可用」的有多少小時，將之設定成利用率計算方程式中的分母。

步驟 2：記錄你的時間

　　一旦你確定了百分之百的基數，回頭檢視你在第 6 章完成的時間審核。你目前用了多少小時？請確保能夠納入你投資組合中的所有組成，包括與家人相處的時間、參與宗教活動、運動時間、興趣發展、志工服務等等。

步驟 3：計算數字

　　拿起計算機，將你已承諾的時間除以你的可用時間，這就是你目前的利用率。你感到驚訝嗎？結果是否高於 85%？（還是高於百分之百！）如果高於你的期望，別緊張，這只是代表你可能需要清理行事曆上一些「雜事」，以騰出不可或缺的休息時間。這是我們接下來要討論的主題。

為喜悅預留空間

　　我要明確地指出這項任務的根本信念：投資組合人生應該要能帶給你喜悅。沒錯，這也能提供多樣化和不利局勢的保護，在這瞬息萬變又不可預測的世界中給你安全保障。然而，這麼做也能給你一個發展平台，表

---

❺ 我明白，這個規則當然有例外情況，你可能在某些時期會特別忙碌，得超過百分之百的利用率。但這些時期應該是有計畫的，而且要盡量短暫。持續以百分之百的速度運作的工廠並不安全，同樣的，長期以這種步調生活也是不安全的。

❻ 是的，我把週末也包括在內，因為我的投資組合不僅關乎工作，還關乎生活中所有的要素，包括朋友、家人、愛好、個人發展和休息時間。

達出自己神奇而多面的身分、培養人際關係和社群連結、給你歸屬感、並提供你需要的自我成長和休息。要實現這一切，**你需要一些空間，給自我反思，給重新定位，給機緣巧合，給幸運。❼**

Dorie Clark ✅
在你的生活中留出時間給「好運」。如果你的行程排得密密麻麻，就不會有什麼偶然事件發生。若每天都有時間分配給任何意外，你不僅預留了出錯的餘地，還有邂逅的機會。

　　一團混亂、行程太滿、總是忙於工作會讓你沒有時間享受生活。如果你和我一樣有這個問題，我推薦你試試日本收納女王近藤麻理惠的人生整理魔法，可能會改變你的生活。

　　日本清潔顧問轉型成為整理大師的近藤，她的第一本書在二〇一〇年代中期被翻譯成英文後，迅速在美國引起轟動。她介紹了一套收納理論，並對應該保留在家中的物品設定了一個令人驚訝的高標準：必須能夠帶來「怦然心動」的喜悅！套用到襪子、園藝工具、保鮮盒或令人發癢的毛衣，喜悅似乎有點太過牽強，但是人們紛紛嘗試了這套系統，大多數人都成了她的信徒。也許期望從生活當中的事物帶來喜悅並不是太過分的要求。

　　身為長期居住在小公寓，幾乎沒有儲存空間的都市居民，我並沒有被雜亂困擾，我別無選擇，只能毫不留情地簡化我的物品，以免感覺自己的生活空間被塞滿。所以當近藤第一次在美國變得家喻戶曉時，我認為她對我並沒有什麼意義。

後來，我在《富比士》「生命中的一天」（Day in the Life）發表了一篇系列文章，詳細介紹「人類文氏圖」一天的生活。我的一天從早上六點開始，先做運動，喝杯咖啡，然後開始全職工作，一直忙到晚上十一點在廚房裡站著吃麥片當晚餐，期間還上了一堂電腦科學課程、花時間審查我擔任董事的非營利組織的籌款計畫、為即將舉行的合唱團音樂會排練了一首葡萄牙民歌。然後，朋友和親人的簡訊和郵件開始湧入，關心地問我還好嗎？這是我平時的生活節奏嗎？我最終會因為精疲力竭而再次住院嗎？

這是一個嚴厲的警訊，我的工作量已經超過百分之百，[8]而且也按照這種步調生活了好幾個月，沒錯，我已經筋疲力盡了。雖然我每天所做的一切都是我願意的選擇，照理說，我應該是樂在其中才對，然而，事實上，許多活動都讓我感到心煩意亂、沮喪或惱怒，這與特定的活動或互動無關，而是更反映出我的整體心理狀態，那時我很難找到任何真正快樂的時刻。我決定有必要做些改變。如果喜悅是我的目標，那麼近藤麻理惠將成為我的導師：我將她的魔法整理術應用到我的時間管理中。

如何「近藤化」你的行事曆

如今眾所周知的近藤麻理惠整理術（KonMari method）的第一步，就是將所有的相似物品聚集在一起，以便一起評估。這一步令許多人感到

---

❼ 「運氣就是為機會做好充分準備時會發生的事」，這句名言出自羅馬帝國時期哲學家塞內卡（Seneca），儘管似乎缺乏證據來證明。不過，我願意相信自己可以透過做好準備來吸引運氣。

❽ 事實上，可怕的是，我曾經不斷地減少睡眠時間，一度運轉到接近 120% 的工作量。

震驚，因為直接暴露出自己實際上擁有多少特定的物品，不管是餐具、剪刀還是鞋子。首先，你必須正視你對這些物品的信念和實際情況之間的差距。針對你的行事曆，相應的作法是整合你在一兩個星期內的活動，仔細觀察你如何分配時間。幸運的是，你已經在第 6 章完成了這個！拿出那份時間審查報告，以全新的眼光再檢視一次。

一旦收集完所有類似的物品後，近藤會指導你檢視每一件物品，問問自己它是否帶給你喜悅。但你在深入觀察個人行事曆時，不必問自己每一類活動是否帶給你喜悅，如果你在審核後還將之保留在你的投資組合中，很可能你確實喜歡做這件事！（如若不然，請暫停想想你為何將此活動納入，這真的值得在你生活中占一席之地嗎？還是有辦法慢慢擱置一邊呢？）不過，你可以仔細查看每一個會議、互動、課程、活動，問自己這些具體事項有沒有帶給你快樂。例如，我喜歡花時間指導職業轉型的年輕人，但是我發現比起給朋友隨意介紹我認識不深的陌生人單次建議，我在建立長期關係方面會比較快樂。

對於第一次採用近藤麻理惠居家整理術的人來說，有那麼一刻你會意識到，你只有在少數物品中找到快樂，而其他的不是過去生活遺留下來的東西，就是被迫保留的禮物，或者是因無法抗拒的優惠買來但並不實用的東西，又或是你原以為自己想要但發現其實並不需要的東西。我的行事曆也是如此，我有些活動承諾是出於習慣而不是自己的選擇，還有一些我並不想去但覺得應該要參加的活動，或因為 FOMO [9] 而去參加但從未樂在其中的聚會。

為了整理這一切，我開始實行「快樂之夏」計畫（總感覺取個名字會讓我覺得自己有必要執行）。以下是我在那個夏天整理出來的一些拒絕外務的理由：

- 我不想要。❿
- 我打算休息。
- 我有其他優先事項。
- 我覺得這會浪費我的時間。

　　將這些理由寫下來似乎很簡單，但其實在當下要跟對方說「不」的時候，仍然感覺像移一座山一樣困難。⓫因此，我決定不需要向任何人多做解釋，只是反覆練習兩句話：「很抱歉，我可能不行」和「我無法參加那個活動」。

　　有了這些回應後，我檢視我的行事曆，拒絕了我知道自己不想參加的活動，和那些不會讓我樂在其中的邀約，同時決定該做出更重大的職業改變了，因為在我想拒絕但又不能拒絕的事情當中，有 90% 都是我日常工作的一部分。

　　記住，投資組合人生的核心理念在於為你服務，而不是反過來為了實現投資組合耗盡你的能量。如果你現在的生活讓你感到燃燒殆盡，或是不符合你的熱情、理想、價值觀和需求，請立即回到本書第二部，重新評估你的投資組合。如果你沒有任何享受喜悅的時間，那麼該是時候做出一些改變了。

---

❾ FOMO 是「Fear of Missing Out」的縮寫，也就是「錯失恐懼症」或稱「社群恐慌症」，擔心會錯過群體中重要的事，或不在場時發生有趣的事，而深深感到焦慮。

❿ 這真的是你唯一需要的理由。

⓫ 雖然有研究顯示人們通常高估了說「不」的負面後果。[5]

關鍵路徑：視覺化你的時間分配

我們必須面對的第二個時間管理問題是瓶頸的壓力。如果你曾經遇過交通堵塞，三線道縮減為一線道，你就會熟悉瓶頸的概念及其帶來的挫折感。這是當有太多事情（車輛、截止日期）同時需要相同的資源（道路、承諾的時間），進而在系統中造成壅塞的情況。這時你的時間分配步調變得非常重要，你可能很擅長控制自己的工作量，但還是會因為所有事情都同時到期而碰到嚴重的壓力。

為了在瓶頸成為問題之前就先發現，流程管理中有一個所謂「關鍵路徑」的概念，能幫助我們確定時間承諾的交織狀況，以及通過這些瓶頸的路徑有多狹窄或寬鬆。再加上所謂的甘特圖（Gantt chart）工具[12]，我們可以視覺呈現關鍵路徑，然後在瓶頸發生之前調整自己的工作時間或設定不同期望。讓我們用一個例子來具體說明。

瑞莎‧普諾（Risa Puno）是一位互動裝置及雕塑藝術家，她還精心策畫我見過最令人印象深刻的感恩節晚餐。這位紐約藝術家每年十一月都會回到肯塔基州，與她的菲律賓裔美國家族團聚，籌畫一場堪比東尼獎（Tony Award，編按：美國劇場界最高榮譽）的盛大活動。她將所有相關因素都列出來，例如自製麵包揉麵和發酵時間；也注意到可能的衝突，例如哪些食譜需要不同的烤箱溫度，或何時需要特定平底鍋兼顧多個用途；自助餐布局經過了優化，既考慮到了客人動線，也考慮到餐具的幾何設計。

---

[12] 甘特圖是以創造者亨利‧甘特（Henry Gantt）命名的條形圖，用來呈現計畫的時間表，並突顯規畫項目中的依賴關係。

這是個為期四天的盛會，涵蓋了烹飪、烘焙、裝飾、音樂播放清單和座位安排，甚至還有彩排。「我提前開始制定計畫，因為我厭倦了在晚上十點半才吃到感恩節晚餐，那時火雞終於烤好，但所有的配菜都冷掉了。」她告訴我。

瑞莎把一切都詳細規畫出來（如第 206 頁甘特圖範例），這樣她可以視覺想像每道菜的步驟，看看哪些必須同時進行，並確定哪一天需要多少家庭成員的幫助。最重要的是，一切都安排好之後，她就可以看出從開始到結束的最短路徑，以及這條路徑的彈性程度。如果關鍵路徑過於嚴格，將所有細節都規畫得十分緊密，以至於一道菜若延遲了五分鐘，就會引發後續連鎖反應，最終使火雞無法送入烤箱，這樣的計畫不切實際，也會帶來很多壓力。此外，除了食物料理工作外，瑞莎還得持續監控計畫，確保進度沒有落後超過五分鐘，在這種壓力下，她是不可能發揮出最佳工作表現的。

反之，如果關鍵路徑保留彈性，例如，家裡有額外人手可提供幫助、有另外安排的烤箱時間、有額外的食材以防需要重做某道菜等，這會讓她有信心能夠從挫折中恢復，並減輕所有人的壓力。視覺呈現可能的瓶頸讓瑞莎有機會可以重新調整事物，添加緩衝區，或簡化流程，以確保她的計畫不僅可行，而且切合實際。「坦白說，我們不是一台運轉順暢的機器，但這個策略不只一次確保了關鍵路徑的安全，讓我們得以準時開飯（即使廚房中散發著燒焦餅乾的味道）。」

我們對投資組合人生各方面的壓力，常常來自期望有個完美運作的系統，能以接近百分之百的利用率運行，而且沒有任何可能危及關鍵路徑的錯誤，然而，這種期望並不切實際，沒有留餘地。不妨讓自己有個靈活彈性的關鍵路徑吧。

餐點	星期四					
	中午		2pm		4pm	
菲式什錦燴米粉						
做蝦高湯	▲					
做米粉醬汁			●			
醃製五花肉					▲	
加熱醬汁						
把蝦從冰箱裡取出						
煮米粉						
混合米粉材料						
水煮蛋去殼						
水煮蛋切片						
西洛阿姨的新鮮椰心菜捲						
製作椰心菜捲餡料				▲		
製作捲餅皮						
包裹椰心菜捲						
加熱椰心菜捲醬汁						
花生／香菜切碎						
椰心菜捲擺盤						
脆皮豬蹄						
用豬油慢燉豬蹄（275 F）			▲			
油炸豬蹄						
加熱脆皮豬蹄（氣炸鍋 @ 400 F）						
巧克力焦糖蛋糕						
製作蛋糕麵糊						
烘烤蛋糕（350 F）						
將蛋糕倒置在盤子						
晚餐時間！						

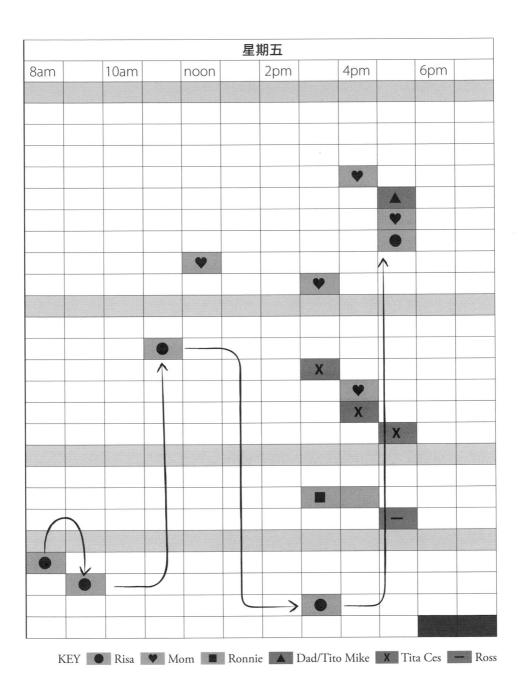

規畫你的關鍵路徑

現在你已經了解瑞莎如何利用甘特圖安排感恩節活動，讓我們把它應用到你的投資組合的一個計畫中。我會用為當地圖書館舉辦慈善募款活動為範例，但你應該選擇你正在進行的計畫，並填寫適當的具體訊息。

步驟 1：選擇時間範圍

我們希望在甘特圖中視覺呈現整個計畫，因此首先需要評估從開始到完成要多長時間。

以這個範例來說，假設我們有三個月來組織規畫慈善活動，如果選擇以月份為時間單位，就只能視覺呈現三個「區塊」，而如果選擇以天計算，又會有九十個區塊，一個感覺太少，另一個感覺太多，因此我打算折衷一下，以週做為時間單位。我會設定十三列（一列用於任務清單，另外十二列則是完成這些任務所需的週數），並為每一列添加標籤。

任務	第1週	第2週	第3週	第4週	第5週	第6週	第7週	第8週	第9週	第10週	第11週	第12週

步驟 2：明列所有任務並規畫時間和截止日期

將這個專案的所有要素以合適的細節層次列出來，例如，我會先列出籌辦活動的主要類別，像是餐飲服務、租賃、娛樂、裝飾、宣傳行銷、售票、場地布置／清理、義工等。然後再逐一檢視各大類別並列出其中的具體任務，例如選擇餐飲供應商、確定菜單、支付訂金和

支付尾款等。然後，針對每一項任務規畫所需的時間，並按照完成的時間順序排列。

任務	第1週	第2週	第3週	第4週	第5週	第6週	第7週	第8週	第9週	第10週	第11週	第12週
餐飲服務												
選擇餐飲供應商	■	■										
確定菜單			■									
支付訂金				■								
支付尾款												■
租賃												
娛樂												
裝飾												
宣傳行銷												
售票												
場地布置／清理												

步驟 3：尋找相依性與瓶頸

首先，我們要檢查相依性，以確保有完成每項任務所需的資源。例如，為了支付餐飲服務供應商的訂金，我們需要預售一些門票，這也代表宣傳行銷的工作也得開始進行了。

或許我們從以往的經驗中學到，應該在活動開始前的八週就展開廣告行銷活動，因此如果行銷任務設定在第五週開始，可以預期「早鳥票」將在第七週售罄，這代表我們需要與餐飲服務供應商協調，將訂金支付日期從第四週延後到第八週。

任務	第1週	第2週	第3週	第4週	第5週	第6週	第7週	第8週	第9週	第10週	第11週	第12週
餐飲服務												
選擇餐飲供應商	■	■										
確定菜單			■									
支付訂金				→→→				■				
支付尾款												■
租賃												
娛樂												
裝飾												
宣傳行銷					▨	▨	▨	▨	▨	▨	▨	
售票												
早鳥票						▨	▨					
全票								▨	▨	▨	▨	
場地布置／清理											■	
義工服務												

　　接下來，我們需要檢查會不會有瓶頸，要評估是否有任何資源在任何特定時間被過度使用。

　　就此例而言，假設我們是獨自完成所有的籌辦工作，那麼時間就是要檢查的資源，看看有沒有哪一週分配到的任務多於這個專案的可用時間。

任務	第1週	第2週	第3週	第4週	第5週	第6週	第7週	第8週	第9週	第10週	第11週	第12週
餐飲服務												
選擇餐飲供應商	■	■										
確定菜單			■									
支付訂金								■				
支付尾款												■
租賃												
預訂桌椅						■						
預訂桌巾							■					
運送												■
娛樂												
選擇 DJ				■	■							
裝飾												
選擇主題	■											
採買物品							■					
製作裝飾物								■	■	■		
設置裝飾物												■
宣傳行銷					■	■	■	■	■	■		
售票												
早鳥票						■	■					
全票									■	■	■	
場地布置／清理											■	■
義工服務												
招募人員									■	■		
管理											■	

在第 211 頁範例中，我們可以看到一開始的工作比較輕鬆，前五週只有一兩項任務要處理，但到了第七週，需要同時追蹤四個不同的任務，而這種壓力一直持續到活動結束。為了避免瓶頸，我們能否調整這些工作流程，減輕第七週到第十二週這段時間的壓力呢？也許我們可以在第二週到第六週就採買物品並製作裝飾物，或是可以在第七週之前找人來協助分擔工作並增加資源，進而緩解瓶頸問題？（如果我們在第三週就開始招募義工，而不是等到第九週，或許能找到一位副手，在第七週開始一起分擔工作量）。

步驟 4：檢查更大的遠景

到目前為止，我們一直使用甘特圖來規畫特定專案的關鍵路徑，但如果我們想要視覺呈現整個投資組合，以了解不同活動之間可能的重疊情況，該怎麼辦呢？這是一個很好的問題！為此，我們需要重新考慮時間尺度和想要呈現的細節程度。

假設我們想了解一整年各項活動的安排情況，以確保關鍵時期不會相互衝突，就可以用月份為時間單位來建立甘特圖，將每個專案計畫都列在上面，用深色陰影來表示截止日期，或增加的時間任務。我們還可以明確地命名這些關鍵時期，如第 213 頁範例所示。

這樣有助於我們檢查哪些時候可能過度負荷（如本範例中的四月或十月），並進行任何必要的調整。也許我們會發現潛水課程安排的時間可能會增加不必要的焦慮，因此可以考慮改在一月和二月進行課程，而不是在九月和十月。我們還可以看到，在試圖結束第三季銷售工作的同時，展開圖書館慈善募款活動可能會很棘手，因此，我們可以選擇從一開始就招募合作夥伴來共同分擔工作，有了額外的支持，

就可以將工作時間從十二週縮短到八週，並等到十月份再投入慈善募款活動。

　　記住，這個工具的目標是在問題發生之前就先看到瓶頸，讓你可以調整時間安排或取得額外資源，以全力避免瓶頸。嚴格的關鍵路徑只會帶來不必要的壓力。

各項計畫	1月	2月	3月	4月	5月	6月	7月	8月	9月	10月	11月	12月
銷售工作			Q1			Q2			Q3			Q4
教會唱詩班				復活節								聖誕節
俱樂部足球賽						季後賽						
父親的手術／物理治療				手術	物理治療							
度假								海灘別墅				
潛水課程										考試		
圖書館慈善活動										慈善活動		

計畫停工時間：安排休長假

最後，我們必需正視在投資組合人生中面臨的最大挑戰之一：休息。即使只有一份工作，美國人的休假安排也已經夠糟糕了，⑬若再加上有不同時間表和關鍵時期的投資組合，你幾乎永遠無法放鬆。

奇怪的是，似乎總是有（至少）一個截止日期迫在眉睫，可惜這正是投資組合人生最大**好處**之一的必然結果：執行得宜的多樣化，代表不同活動可安排在不同時間達到高峰期。但這有助你平衡工作量！讓你減少瓶頸！這是好事！

除非……你一直找不到時間停下來喘口氣時，情況就不一樣了（如果你的生活伴侶同樣也在管理投資組合，對方的閒暇時間和你的幾乎難以完全吻合）。正因如此，你必須培養一種紀律，無論如何都要安排休息時間。從未停機進行例行維護的生產線，最終會出現意外的故障，可能比定期停機維護的成本更高。⁶（試想，如果你在訓練馬拉松卻沒有安排恢復時間，你最後很有可能因疲勞性骨折需要拐杖，而不是開心在終點線上自拍。）**休息是必要的，這並不是獎勵。**

現實生活中怎麼執行呢？就像財務顧問建議首先將一部分錢存起來，然後再將剩餘的錢用來支付帳單和任意開支一樣，你必須在行事曆中預留固定的休息時間，然後才安排其他所有事情，這可能代表提前設定一個不可變更的度假計畫。要像安排工作和對他人的承諾一樣，安排自己的運動和睡眠時間，或是投資一段休假時間讓自己充電、恢復精力。

長假（sabbatical）⑭可能讓人感覺像是對於現代工作過勞問題的富人解決方案，但其實這是一個非常古老的概念。根據《大西洋》（*Atlantic*）雜誌撰稿人喬‧平斯克（Joe Pinsker）的說法，這可能與「安息日」

（Sabbath，每週一天休息的日子），以及《舊約聖經》中的「休耕年」
（sabbatical year，每七年就有一年農田休耕）的概念有關，這些都是遠離
工作的時期，可以「獲得短時間無法達到的深層休息」。[7]

　　迪唐納（DiDonna）是一位企業家，也是「長假計畫」（Sabbatical
Project）倡議組織的創辦人。他在經營創業投資公司多年之後，面臨著工
作倦怠的壓力，於是休了四個月長假，其中包括在日本鄉下進行九百里
的佛教朝聖之旅。他經歷了一次「改變身分、顛覆自我」的體會，讓他
回到「現實」生活之後決定開始研究休假。他與聖母大學（University of
Notre Dame）職場健康專家麥特・布魯姆（Matt Bloom）合作，探討職
業生涯中長期休息對人的影響。「我們的主要發現是驚人的：長假不僅只
是延長的假期，更提供了心理上的安全空間，足以改變個人身分，並領悟
真實生活的意義。」[8]他們發現令人驚訝的是，許多休假者事後確實做出
了巨大的改變（例如辭職或決定生孩子），大多數人「單純回到從前的生
活模式，只是帶著一種新發現的、得來不易的觀點」。有時候，我們只需
要一些空間來喘口氣，看透事物。

　　薩布莉亞・斯圖克斯博士（Dr. Sabriya Stukes）在她的父母介入之下，
選擇了一次「極致長假」。她才剛完成微生物學和免疫學的博士學位，經
歷痛苦的分手後感到有些迷茫，便一頭栽進工作中，接受了兩份全職職務

---

❸ 其中一個主要原因是，我們擔心如果真正停工超過幾天，老闆會覺得他們其實並不需要我
們，等回來時工作可能已經不在了。因此，將責任完全歸咎於個人是不公平的，這是美國
人受到雇主制約的影響。

❹ 編按：sabbatical 是一種長期特殊休假，用這段時間離開常規的工作環境，有機會進行深度
思考、深化研究，或者是學習新事物、追尋靈感。

（其中一個遠距），並承接一家科學新創公司一系列的獨立專案。四個月以來，她每天一大早醒來就不停地工作，常常犧牲睡眠，也不吃飯，忽略生活中的一切。毫不令人意外的，這種節奏嚴重損害了她的健康和幸福（她承認，她的工作也做得不好）。因此，在她三十三歲時，父母給她當頭棒喝，使她下定決心休息三個月、好好吃飯睡覺、進行團體治療，重新回到正軌。

「我知道我很幸運可以這麼做，」她後來告訴我，「即便如此，這很不容易。在我生命中這段時間，允許別人照顧我的生活，對我來說是個巨大的轉變。」然而，長時間的休息給了她重新出發的機會，讓她更清楚認識了自己，有精力重新投入科學，並建立了保護她的時間、健康和人際關係的護欄。

「長假計畫」的創辦人迪唐納表示，目前只有少數美國人可以享受正式長假。根據人力資源管理學會（Society for Human Resource Management）2019 年的福利報告，[9] 儘管麥當勞在 1977 年創立了第一個企業長假政策，但近五十年後，只有 5% 的美國組織提供帶薪長假，❶❺ 這代表大多數想要享受長期休息益處的人必須自行安排，可以選擇留職停薪（美國另有 11% 的公司有正式計畫），或者是在工作之間安排自費的長假計畫。

此時，我猜真的不需要再提供更多證據來證明休息的益處了。關鍵

---

❶❺ 年輕員工更頻繁地換工作，使得這種罕見的福利更難獲得。通常，公司要求員工服務滿七年以上才有資格享受有薪長假，然而根據凱業必達（CareerBuilder）2021 年的研究顯示，千禧世代的平均工作年限為兩年九個月，Z 世代（編按：1990 年代中期至 2010 年代初出生的人，又稱網路世代）則是兩年三個月。

點是如何在不毀掉你的生活（或破產）的情況下實現這個目標。迪唐納在這方面提供一些建議：「最重要的是，**提前計畫**。也許你不能立刻離開工作，但你能不能展望未來一年、兩年或五年，朝著這目標努力，就像你要讀研究所或做出重大轉變時一樣？這樣你就可以事先存錢、完成工作、安排誰來為你的植物澆水或轉租住所等等。」

其次，對於無法完全放下的責任，也能發揮創意來處理。長假不應只屬於沒有子女的人、幸運的年輕人，和富有的退休人士，在過渡時期可能更難實現，但也可能讓這件事變得更有價值，迪唐納建議：「如果你安排的長假計畫包括了家人、孩子，將會創造一生難忘的回憶，真的可以改變家人之間的關係。」

規畫你的長假

花點時間和我進行一個小小的想像實驗。你心目中的長假是什麼樣子？無論你多麼確信這絕對不可能實現，請給我一點時間。

假設你希望在一年後開始休息，為期三個月。

首先，考慮一下你希望從長假中獲得什麼，記下這些想法。你是不是希望有機會去探索新的地方？想嘗試不同的生活方式？你是否認為這段時間會是個好機會可以更加了解自己、世界或工作？你需要休息還是找出靈感（或兩者兼有）？若你能明確定義長假，是實現長假計畫的第一步。

其次，考慮可能的困難。根據迪唐納的說法，有三個因素常常阻礙人們休假：花費、觀感、責任。不妨開始思考如何減輕這三個因素對你的影響。

花費：

- 假設你在那 95% 並不提供長假的美國公司工作，你需要多少錢支撐休假期間的生活？是否有辦法減少固定開支來抵銷這個數字（例如，如果你想休假去其他地方旅行，能否將住處轉租出去）？

- 或是，能否在長假期間賺取一些收入，而不影響你的目標？例如，如果你想去哥斯大黎加衝浪三個月，好從繁重醫療工作中恢復元氣，你會不會考慮每週在衝浪板店工作幾小時，以幫助抵銷一些費用？在別的國家工作可能會增加簽證和工作許可的問題，但是提前計畫會讓你有時間探索可能性。

觀感：

- 常見的擔憂是長期休假會帶給外界什麼樣的觀感。然而，根據「長假計畫」對哈佛商學院校友進行的一項調查顯示，他們擔心別人對自己休長假的看法，比起自己評論朋友、同事或員工同樣的休假行為要高出七倍。所以，在你開始擔心這會給人帶來什麼觀感之前，先讀讀其他過來人的故事，然後，開始想像將來想與社群和未來雇主分享自己利用這段休假時間的經歷。

責任：

- 在休假期間，除了工作之外，你還需要或希望暫時擱置哪些責任呢？一年當中是否有哪些時期比較容易做到這一點？

- 如果你希望將其他人納入你的長假計畫中，他們可以如何安排行程？是否有自然的閒暇時間可以利用配合計畫（例如，孩子們放暑假的時候）？

是的，對於幾乎任何人來說，隨心所欲地休長假都是具挑戰性的決定，然而透過一些深思熟慮的計畫，還是可以實現。與其從一開始就排除這個選擇，不妨試著想像一下長假可能的樣子，以及如何為之做好準備。

切記：照我說的做，不是照我做的做

任何認識我的人此刻肯定會翻白眼。將利用率限制在 85% 以留出休息和因應現實生活的空間？在關鍵路徑中增加靈活彈性以減輕時間壓力和瓶頸？安排一段長期休假來恢復元氣和充電？哈！這可不是克莉斯汀娜的作風。

他們是對的。雖然自從大學畢業後工作過度和燃燒殆盡之後，我已有所改進，但我還是那個自認為可以教完一整門課程、完成大量的案例研究工作、在丈夫兼兩份工作和完成第二個碩士學位的同時寫出一本書、在疫情期間照顧一個幼兒、而且即將迎來第二個孩子的人。我能說什麼呢？我也需要一遍又一遍地學習這些課題。這並不代表研究和工具有缺陷，只說明了我是平凡人，還在努力重新定義工作和自我價值之間的關係。

因此，如果你在這方面遇到困難，請不要有壓力，這是所有人必經的歷程。我的最佳建議是避免過度美化你工作負荷的強度，而是請個人董事會中的「說真話者」幫助你負起責任。

你可以繼續努力培養這些技能，同時記住，就算進展緩慢，還是進步。或許你沒有一個完全放鬆的假期，好吧，這雖然不完全是你想要的，但是不是你多年來第一次度假呢？做得好！你有進步了。多加練習，這些

工具和界限就會變得越習以為常。當生活再次丟出變化球時，我們又可以再重新學習這些技能。

時間是你最寶貴的資源，相較於單純的職業生涯，投資組合人生需要更積極地管理時間，這並不容易，特別是當你成長的社會強調生產力高於一切時，這並不是那麼自然的事。但建立系統和結構來保護並投資你的時間以追求快樂，是值得的。

最後，我們還有一個資源要討論，這個話題可能會讓人感到緊張和不自在：沒錯，我們要談的正是金錢。現在該換角色了，這一次我們要扮演財務長的角色。

Chapter **11**
分析你的財務數字

把握每一天，搞定帳單。**❶**

——美國演員羅賓·威廉斯（Robin Williams）

　　我要坦白告訴你：建立投資組合人生在財務方面各有優缺點。最大的優點是，你可以培養多種收入來源，即使不是同時進行，在生活面臨變動時仍有調整方向的選擇權，換句話說，你不是把所有雞蛋都放在一個薪資籃子裡。另一個優點就是，如果你的投資組合中包括任何類型的自雇工作，你對自己的收入就會有一定的掌控權，從決定收取多少費用到工作多少小時等。你可以拒絕不賺錢的項目，決定自己的收費標準，也可以根據生活狀況適度調整工作時間。真是太棒了！

---

❶ 譯注：這句話的原文是「Carpe per diem—seize the check.」，拉丁語 Carpe diem 的英文翻譯是 seize the day，而羅賓·威廉斯將 Carpe diem（把握當下）改成 Carpe per diem（把握每一天），將 seize the day（抓住當下）改為 seize the check（抓住機會、抓住錢），展現他的幽默智慧。這句話的含義是，把握每一天，抓住賺錢機會。

然而，壞消息是：整個美國金融體系都是建立在一個假設之上，亦即你只有一份工作、每個週期薪水入帳大致相同，不多也不少。當你有多種收入來源或現金流不穩定時，像納稅、貸款、存退休金這一類的事情，就會變得更複雜。

除了管理個人的團隊、故事和時間之外，你還需要掌握投資組合人生最後一個執行面，也就是管理財務。我知道每個人對於財務都有不同的態度和興趣，但**掌握好個人財務是保障未來生活的最佳方式**，把你視為自己的財務長。

管理財務有幾個重要層面，根據個人以前的經驗，你或許會想直接跳到對你來說不熟悉（或最近相關）的部分。沒問題！這一章很重要，你真的有必要深入了解其中的細節。我們將深入探討四個關鍵主題：

1. 財務入門：預算、現金流和合約

如果你對管理金錢的態度是把還沒繳的帳單當成杯墊用，或是從沒聽過 Net 30（三十天內支付款項），就從這裡開始吧。我們會簡單地介紹你為什麼需要制定預算、現金流和收入有何不同、以及該如何透過智能合約（smart contract）和發票策略來影響收入金額和收款的時間。

2. 稅務

如果你從未親自處理過報稅，或對美國國稅局（IRS）的運作感到困惑，請不用擔心，你並不孤單。然而要是你每年不只收到一份扣繳憑單，事情會變得更複雜，你絕對不會希望在報稅時突然收到一筆巨額稅單。我們將討論如何為自己設定成功的路徑：追蹤可減免的費用，考慮成立有限責任公司（LLC），以及尋求專業人士協助處理預估的季度稅款。

3. 為你的工作爭取（更多）報酬

你要怎麼知道一個專案是否值得你花時間去做呢？我們將討論如何設定收費價格、管理計費工時和終止無利可圖的客戶。此外，你也將了解為什麼你應該告訴朋友和競爭對手你得到多少酬勞。

4. 建立一個「滾蛋救助金」（f*#!-off fund）

應急基金不僅僅是為了因應突發狀況，如果你想做出重大的人生改變，就需要有緩衝資金來實現這個目標。無論你是否正在考慮調整職業生涯方向、平衡投資組合有薪和無薪工作的比例，或是計畫休長假，都需要事先準備好一筆錢備用。我們將討論在支付其他所有優先事項的同時，規畫儲蓄的目的和方法。

財務入門：預算、現金流和合約

讓我們從頭開始：你需要制定預算。如果你還沒有經費，就別想著繼續前進，也別指望獲得相應報酬。如果一想到要制定預算就讓你焦慮不安，請深呼吸，讓我慢慢告訴你。

許多人將預算視為成績單，每個月結束時都要評判自己在各方面的失敗，或擔心計算經費是扼殺歡樂派對最快的方式，必須整理一大堆收據（這年頭還有人保留收據嗎？），費心地統計每一杯咖啡、雞尾酒和計程車的花費，最終卻發現自己的錢不夠支付房租！然而，雖然制定預算不會神奇地把一美元變成十美元，但可以讓你了解自己的需求，並幫助你充分利用現有資源。

把制定預算想像成你在自駕旅遊中的 GPS 導航。在你跳上車之前，

你會想規畫前往目的地的路線，才好做出適當的計畫。你需要事先了解旅程的概況，以便儲備零食、水和汽油。你也會想知道何時、在哪裡可以停下來伸展一下雙腿。如果有好幾條路都可以讓你到達目的地，你就必須決定要走哪條路線，也許需要在風景優美的路段、施工延誤、過路費和路邊攤分布情況之間權衡取捨。總而言之，粗略地了解旅行目的地和行程規畫，對成功的自駕旅遊十分重要。

但這並不代表你的旅程是一成不變的。如果你經過一個絕佳的農特產市集，你可以把握機會，或在走錯路後重新找回正確的路，GPS 導航系統會即時更新路線，並修改預計到達時間，讓你提前了解發生的變化可能如何影響旅程的其他部分。你也可以靈活地調整計畫，如果你現在想停下來參觀老街，或許可以放棄原先規畫的休息站。這是一個無偏見的工具，能夠幫助你到達目的地。

預算也是如此。你需要制定一個計畫，了解每個月要怎麼樣運用你的經費，知道哪些地方可能出現財務壓力、哪些地方可能需要有所取捨。尤其對正在打造投資組合人生的人來說，需要清楚知道什麼最重要，並首先為之提供經費。但是預算不僅只是前方道路的指南，還可以幫助你思考未來更重大的改變，在你評估如何以及何時重新調整你的投資組合時，為你提供必要的數據。

對於初次編列預算的人，我最推薦使用的工具是「You Need A Budget」（YNAB，意指你需要預算），但是也有數十種應用程式、模板和工具可供選擇（很多都是免費的）。主要目標是全面了解你每個月的收入和支出，讓你能像財務長一樣做出明智的決策。

一旦你掌握了每月的收入和支出狀況，下一步就是清楚了解這些資金流入和流出的時間，我們稱之為現金流，任何必須等到發薪日才能採買食

品或處理水電費帳單的人，即使不知道這個術語，也都能明白這個原則。

　　一名受雇員工可以依靠定期發放的薪水，通常是每兩週或每月一次。但做為自由工作者或小企業主，你必須協商付款條件、提交發票，同時在客戶的供應商系統中設定個人帳戶，以便獲得酬勞。有些公司對與小型企業合作有標準的支付條款，有些公司則願意協商。無論如何，你都需要及時更新會計資訊，否則，從你完成工作到最終收到報酬之間或許會有幾個月的時間差，可能會導致現金流出問題。

　　以下是一個需要了解的重要術語：付款期限（net days）。當你同意接受一項工作時，需要明確向公司指定在你提交請款單後多少天內付清款項。Net 30 表示付款期限是一個月內（通常是在你完成工作後）。很少有公司會在一收到請款單就立即支付，有些公司可能會在到期十五天內支付，而許多公司會嘗試延遲付款期限到四十五天、六十天甚至九十天。需要注意的是，即使他們同意收到帳單後的付款期限，也可能會延遲支付。許多企業會刻意延遲付款給供應商，當作管理自己現金流的策略。因此，在接受工作之前，要明確知道你何時會收到報酬，以及如果對方沒有履行承諾你有哪些選擇。

　　例如，當你與對方協商初步合約時，是不是可以納入特定條款，像是每超過三十天延遲付款就收取 2% 的滯納金呢？或是在簽署合約時要求預付訂金，等到工作完成後再收取餘額款項？如果對方是一家大型企業，可以與其採購團隊討論有沒有任何特殊條款提供給小企業主、女性和少數族裔經營的公司。或詢問當地是否有保障自由工作者的法律，例如紐約市的「自由工作者非免費工作」（Freelance Isn't Free Act）這類的法案。

　　最重要的是：現金（流動性）至上，你需要管理好收入金額和進帳時間。

稅務

我知道這很痛苦，但我們必須處理這個問題，你絕對不會想要國稅局找上門來，如果沒有掌握好自己的情況，投資組合人生的人很容易受到稽核，不論是全職還是兼職、月薪或按時計酬。

由雇主代扣稅款，然後在報稅時份提交納稅申報後再將任何多繳的金額退還給你，這個程序是建立在你只有一份工作的情況。任何同時從事多份工作的人可能都會告訴你，在報稅季節時，或許都收過令人不愉快的意外稅單，因為綜合收入超出了代扣稅款公式所設定的收入級距。還有，如果你和伴侶聯合申報稅務，而你們兩人都有多項收入來源的話，多麼刺激啊！（如果你們其中之一或兩人的收入來自於與居住地不同的州，情況就更有趣了！）

因此，我們將深入探討這個問題，但我保證會盡量避免用國稅局的專業術語，讓內容更易於理解。❷我們會討論三個你需要了解的主題：業務相關扣除額、有限責任公司（LLC），以及如何找到一位理解你投資組合人生的會計師或稅務專家。

業務相關扣除額

自雇收入的壞處在於你需要承擔額外的營業稅（唉！）。好處是，你可以從收入中扣除相關業務開支來減少稅負。但是可別像《富家窮路》（*Schitt's Creek*）影集裡的大衛‧羅斯（David Rose）那樣，試圖將所有購買的東西都視為可扣除項目，重點是要與業務「相關」。那什麼才算是有效的業務開支呢？比你想像得還要多。

首先是一些明顯的開支：你可能購買的設備（例如高級數位單眼相機

或工作專用的新電腦）、辦公室開支（如印刷成本或軟體授權許可）、市場行銷費用（如品牌照片、海報或名片等宣傳品、或聘請 SEO 搜尋引擎優化顧問）、網路服務（如域名註冊和主機服務、雲端儲存、社群媒體工具），以及差旅費用（包括個人車輛行駛的里程），還有其他不太明顯的開支。你有繳納什麼專業組織的會費嗎？支付郵政信箱費用，或在共享工作空間租用辦公桌？有專用的家庭辦公室嗎？訂閱研究用途的出版物（如報紙或提供專業數據的平台）？參加專業發展或持續進修課程以提升自己工作領域的技能？這些可能都是可以扣除的項目，❸但你需要保留清楚的紀錄，以確保你能夠善用這些扣除額。

有限責任公司

你從事自由業，在同意接下工作時，有兩種選擇：一是以個人身分與客戶簽約，二是透過你經營的公司與客戶簽約，再由你的公司來支付你工作費用。

---

❷ 身為一個數學迷、在哈佛大學只修過一門稅法課程的我，每年都自己申報稅務。隨著時間發展，我的情況變得更加複雜，因為我成立了一家有限責任公司、結了婚、買了房子、有了幾個孩子，還身兼許多自由接案工作，需要在多個州進行每季度預估稅款申報，但我還是堅持自己報稅，因為我很固執。然而，我要事先聲明，這不是財務建議。既然你已經了解了基本情況，不妨去諮詢持有執照的專業人士吧！

❸ 不過，最好向稅務專家尋求建議，這些都有一些微妙之處，可能會讓人感到困惑。編按：台灣自由工作者的收入費用可分為三類：執行業務所得（9A、9B）和兼職薪資（50）。要特別注意收入來源，不同所得類別，免稅額度亦不相同。台灣稅法一般扣除額可分為「標準扣除額」和「列舉扣除額」兩種，只可擇一種申報。標準扣除額可以視為納稅人的個人免稅額，列舉扣除額常見以下項目：捐贈、保險、醫藥生育、災害損失、租屋支出、自用住宅購屋利息等。

在這兩種情況下，你做的工作完全相同嗎？是啊。既然如此，真有必要多此一舉嗎？當然有必要。下額外的功夫採取第二種方式，不會浪費時間嗎？不會。一開始的麻煩很可能是值得的。

原因如下：如果你以個人身分完成工作後出現問題，客戶可以向你個人提告。如果你輸掉了這場官司，你生活中的其他私人資產可能會被沒收。但是，如果你設立一家自己獨資的有限責任公司，由公司支付你薪資去完成與客戶達成的工作協議，如果不幸出現問題，客戶只能夠向公司提告，這代表只有公司內部資產面臨風險（例如你從其他客戶那裡賺到的錢），而你個人的儲蓄帳戶、配偶的退休基金、房屋、傳家寶等等，都不會受到影響。

設立有限責任公司的另一個重要好處是，將你的自雇收入和費用與個人財務分開，大大簡化了你年底的稅務工作。你只需要開設第二個支票帳戶，保留一張專用信用卡，整合你的有限責任公司支出即可。報稅時，你可以下載數據，進行整理，並輕鬆計算可扣除的費用（同時，記得保留所有超過 75 美元的收據。最簡單的方式是，拍照並保存到以稅務年度命名的雲端資料夾中，也可以將所有收到的電子收據或發票保存在同一資料夾）。額外的好處是，如果你受到國稅局稽查，比起你將個人財務和自雇收入混在一起，你碰到的麻煩只有其十分之一。

設立有限責任公司的缺點是額外的繁文縟節：成立公司需要一些初期費用（包括法律費用、州和聯邦的申請費用），而且公司每年都必須提交單獨的納稅申報（而不僅僅是在個人納稅申報的 C 表中列出收入和支出）。令人討厭的是，小型企業稅務軟體甚至比為個人納稅申報設計的軟體更難用。因此，如果你選擇採用這種方式，尋求稅務專家的幫助會省事很多。

聘請會計師

上面提到的兩個主題讓你感到緊張了嗎？我了解你的感受，國稅局總是愛把事情搞得很複雜，對於投資組合的人來說尤其具有挑戰性。因此，除非你像我一樣固執，堅持親自搞定一切，否則你最好找一位優秀的專業會計師（CPA）做為你的財務合作夥伴。至少，他們可以幫你申報稅務，並協助你估算來年的季度稅款。如果你希望更有意義的合作夥伴關係，他們還可以幫助你策略性思考如何結構化你的各種收入來源和支出，並提供設立有限責任公司的建議。

那麼，該如何尋找合適的專業會計師呢？我最愛的一個方法是：請教和你住在同一州的藝術家或表演者。經常為創意人士服務的會計師都很熟悉各種 1099（獨立承包人）❹的收入來源、不規律的現金流、意外的業務支出，以及從多個州獲得收入的複雜情況。對於你的投資組合人生來說，這類人選可能比較適合你，更勝於那些處理高收入家庭或跨國資產和複雜交易的執業會計師。

首先請人介紹，然後要求免費諮詢以了解對方的風格。諮詢結束後，你應該要感覺有個認真對待你、希望為你謀取最大利益的財務合作夥伴。如果你在諮詢期間，感覺自己很愚蠢、受到輕視，或覺得對方沒有耐心回答你的問題，那就去找別人吧。

還有一個建議：最好在夏季或初秋時尋找這個人選，因為從十月到隔年四、五月，他們會忙著處理年終事務，和接下來緊湊的報稅季節。

---

❹ 譯注：1099 是美國稅務系統中的一種表格，用於報告非薪資類型的收入，如自由工作者、獨立承包商、投資收入等。

為你的工作爭取（更多）報酬

我們在第一部討論了所有經濟因素，你得到過高薪水的可能性非常低。也許你的薪資是合理的，但最有可能的情況是你還有一些談判空間，可以爭取更好的待遇。但是，你要如何確定自己的工作價值是多少呢？答案很簡單：你必須與朋友、同事甚至競爭對手開始談論金錢。無論這可能有多麼尷尬或不得體，你都有責任去了解你所從事工作的市場價值。

我知道談論薪水有多尷尬！談論性？沒問題。宗教和政治？可以！談薪水？呃，哈哈哈，不必了，謝謝。

如果你的收入明顯高於或低於類似職位的人，情況可能會變得很尷尬，這是不是代表你應該要付午餐錢？還是原來你不是那麼有價值的員工？當你與其他產業的朋友交談時，情況可能會更困難，突然間，你發現社會對不同產業的獎勵方式呈鮮明對比，即使工作量和人才素質是相似的。然而薪資不透明只會讓雇主受益。**只有當你真正知道自己的價值（並努力爭取時），你才能獲得應得的報酬。**

作家兼記者潔西卡·班奈特（Jessica Bennett）提到了她的「薪資私下交流圈」，與朋友在此分享自己的薪資情況：「對於年輕工作者來說，升遷方式之一通常是承擔額外的職責，但後來才發現，就像我一位朋友最近經歷的，未必會因而得到更高的報酬。」[1] 因此，潔西卡在開啟職業生涯幾年後，就養成了與朋友討論薪資、日薪和諮詢費的習慣。

作家、podcast 主持人兼數位行銷人艾米娜圖·索（Aminatou Sow）也是公開談論薪資的堅定支持者，她表示：「在我的社群當中，大家常**分享薪資訊息**，互相推薦工作。我總是告訴女性朋友，去詢問生活中的男性有關他們的薪資。」[2] 最後這一點很重要：如果你懷疑自己的薪水可能過

低，你不能只與薪水也可能過低的人討論，你需要盡可能廣泛的數據。

獲得公平報酬是使收入增長快於支出的一種方式，這對於平衡收支預算十分重要。另一種方式是增加額外收入來源，不論是偶爾的兼職還是定期的接案工作，以提供你需要的緩衝，避免入不敷出的困境。如果你從未為自己的工作設定過價格，試著將才能換算成報酬可能會令你心生畏懼。價格設定太低可能導致你在專案上虧本，或發現自己實得報酬與付出的價值不成比例而後悔，價格設定得太高同樣也會有許多風險。

那麼，該如何設定自己的收費標準呢？有幾個因素需要考慮，首先考慮的是該領域工作的**市場價格**。查看是否有當地的自由工作者社群，或從事類似工作的人才網站，以了解其他人的收費情況。根據你從事的產業可能還有其他資源，例如「女性自由工作者平台」（Freelancing Females）的費率表，或「天使清單」（AngelList）上科技相關工作的薪資範圍。

你可能認為個人的收費標準不應該受市場影響，也許你才剛開始從事攝影、程式設計或搜尋引擎優化工作，願意收取較低的費用來累積經驗並建立作品集；或者，你可能是一位經驗豐富的西班牙語教師，或能在幾小時內為小企業建立一個 Excel 財務模型（完全使用鍵盤快捷鍵），並希望得到合理的專業報酬。這兩種情況都是可以理解的！但你還是需要了解你的工作領域在當地的市場行情。

下一個要考慮的因素是，你是否期望這項工作能夠取代你（現在或將來）的日常全職工作。如果不是，你可能會有比較多的彈性空間（但你還是要注意不要定價過低，以免客戶不重視你，或是無意間拉低了別人賴以維生的市場價格）。如果你希望這個工作成為日後主要收入來源，你需要確定你想要獲得的全職薪資等值，然後以此為計算基礎。

有兩種設定收費方式：基於時間和基於專案。這兩種情況你都需要

考慮納入接案勞動所需的一切成本，而這些成本是雇員不必面對的。這是什麼意思呢？你需要將你希望的「實際收入」金額調高，以支付其他稅收成本（包括一般公司雇主需要支付的就業稅）、經營成本（如市場行銷、設備、軟體授權、雲端儲存費用等）、非計費時間（用於建立客戶基礎、撰寫提案、寄送發票等無法向客戶收費的時間成本）、以及帶薪休假（如病假和度假，你需要計畫一些休息時間）。

　　設定**每小時費率**的經驗法則是，首先確定你希望從這份工作中賺到的年度「薪資」，然後除以 46 至 48 週（考慮到保留四至六週的有薪休假，包括度假和病假）。接下來，將該數字除以 30 至 35 小時（考慮到非計費工作，在某些工作領域可能更多）。最後，將該數字乘以 1.4（亦即增加 40% 來涵蓋稅金和經營成本），這就是你的每小時費率。

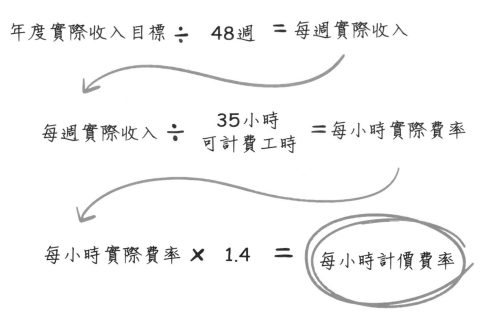

年度實際收入目標 ÷ 48週 ＝ 每週實際收入

每週實際收入 ÷ 35小時可計費工時 ＝ 每小時實際費率

每小時實際費率 ✕ 1.4 ＝ 每小時計價費率

（你也可以略過所有的數學計算，用更快捷的方式，將年度「收入」數字的小數點向左移動三位，例如，一年十萬美元的實際收入大致等於每小時一百美元的費率。）

但是，如果你想**按件計酬**而不是按小時收費就有點複雜了，我會建議只有那些已經從事這類工作一段時間的人才考慮這種方案。為什麼呢？因為你必須很清楚知道自己在各類型專案中要投入多少時間和精力，你必須明確定義專案範圍，以免最終被迫免費做白工，而且也要和客戶設定明確的期望，包括修訂、時程和交付的成果。這對於可以「產品量化」的工作當然比較容易（例如，有設定的成果像是新生兒攝影，或可供五十人享用的三層蛋糕），而對比較客製化的工作可能複雜一些（比如為從未合作過的執行長代寫文章）。

最後你需要考慮的因素是，你是否願意在這個時間點承接這位客戶的工作。如果你有很多時間，而且真的想累積更多工作經驗，也許可以考慮在收費上彈性一些，以便爭取到更多工作機會（在這種情況下，你還是應該要報你的「標準」收費，然後將較低的價格定位為單次折扣，如果你將來再承接對方的工作，也就不會定價太低）。或是，如果你之前曾與某客戶合作過，想要為其大型專案提供較多折扣，因為知道你會從中獲益並學到很多，那就太好了！你可以主動提出願意配合對方的預算。反之，如果你時間有限，有人要求你為其專案趕工，或者這不是你真正想做的工作，或是你從經驗中知道與某特定客戶合作會比平常更多困擾和麻煩，那麼你可以隨意提高你的收費標準，你有權將該項工作的摩擦成本和情感勞動納入價格考量中。

現在，有了這三個參考點：市場價格、理想的小時費率或專案價格，以及你在特定情況下應用的折扣或調漲標準。現在，是不是該為工作提出

報價了呢？還不要！在談判中，盡量避免主動先提出價格。為什麼呢？因為談判中的第一個數字，會將後續的討論都限定在那個價格範圍內，而且，你掌握的訊息比客戶少得多，這代表如果你先提出一個數字，很可能低估客戶本來願意支付的價格範圍。

不過，你可以對客戶這麼說：「我的價格會根據專案時程和規模有所不同，能不能先告訴我你們的需求和粗略的預算呢？」（要求提供「粗略預算」可迫使對方先開價），然後告知你會準備一份適合當前工作的報價：「我想我已經掌握所需資訊，我會在二十四小時內給你一份提案。」

如果這是你第一次與一個客戶合作，你應該做好談判的準備，對方很可能會試圖從你最初的報價中議價（如果對方沒有這麼做，那麼你可能定價過低了……下次你就會知道了！）。價格協商是很正常的事，但是要知道自己的底線在哪，決定何時該為報酬過低而拒絕一份工作，否則，你將在這項工作上虧本、對客戶心生不滿、傳出消息說你的價格在下降，或以上種種情況都可能發生。

最後，在你同意了價格並開始工作之前，請與客戶簽署合約。這份合約可以簡單到只有一頁，也能根據你的需求變得複雜，但你必須書面確定雙方已達成的協議內容，包括工作範圍、價格、交付成果、截止日期、付款條件，和允許任何一方解除合約的情況。網路上可以找到一些模板，你可以依自身需求做適當調整，或是如果你需要一份更客製化的合約，不妨請你的會計師推薦律師。這是必要的步驟，以確保你清楚知道自己要承擔的責任。

切記：你是自己人生的財務長，一個財務長永遠不會因為想賺更多錢而感到抱歉，事實上，讓你獲得應得的工作報酬正是財務長的職責。

建立一個「滾蛋救助金」

你可能聽過這種勸告，要在緊急儲蓄帳戶中存放三個月生活費，但這似乎從未成為你財務的前三大優先事項。這給人感覺像是個隨意的數字，沒有明確的理由，只是「以防萬一」。這到底是什麼意思呢？以防你被解雇？以防你公寓不能再住得趕緊搬家？以防全球疫情大爆發？（在這種情況下，三個月存款真的夠嗎？似乎是不太夠的。）

在我二十多歲的時候，我的錢需要用來滿足各種不同的需求，我從來不覺得有必要存下三個月的應急基金，直到我在「The Billfold」網站上讀到作家兼寫作教練波萊特・佩赫奇（Paulette Perhach）一篇名為〈滾蛋救助金的故事〉（A Story of a Fuck Off Fund）的精彩文章，[3] 我才明白了「以防萬一」的真正含義，意思就是「以防你需要解放自己，徹底地改變生活」。**⑤**

佩赫奇講述一位年輕的大學畢業生開展人生旅程的故事：從一份實習工作輕率地跳槽，最終找到一份收入不足以維持生計的基層工作（還有一位逐漸表現出瘋狂失當行為的老闆），後來墜入愛河與伴侶同居，一路以來的花錢方式會讓你感覺他像個真正的成年人，比如外出用餐、換好車、大手筆購買高檔的家具和更好的衣櫥，還大量使用信用卡彌補收入和生活方式之間的差距。到了寓言故事的尾聲，這位年輕專業人士發現自己陷入了困境，離不開老闆或伴侶，因為他沒有足夠的存款可支持他的決定，他

---

⑤ 特別說明一下，「滾蛋救助金」其實就是「應急基金」，只是用更好的口號來推廣，幫助你理解當中的急迫性。在建立多元生活模式時，沒有一筆這樣的基金是不明智的。

感到被困住又無力改變現狀，只好選擇留下來。

我很希望能告訴你，你絕不會陷入那種情況，不幸的是，缺乏財務安全網的情況可能比你想像的更危險和不穩定，突然之間，你就面臨著進退兩難的困境，讓你無從選擇，因此你開始忽視或合理化那些看似微不足道的事情，最終變成了真正嚴重且似乎難以解決的問題。

而這裡就是故事的轉折點：不一定要以這種方式結尾。佩赫奇讓時光倒流到畢業那天，讓故事主人翁選擇一條不同的道路：過著比原本更簡約的生活，以累積現金，大大好過受困於惡劣的情況——不健康的關係、恐怖的室友、虐待人的老闆——年輕人可以大聲說「去你的」，在情況變得更糟之前讓自己解脫。

但你知道嗎，「滾蛋救助金」不僅可以從噩夢場景拯救你，還可以提供緩衝，讓你因應投資組合重大變化的影響。你想要徹底轉彎進入全新的領域，就像科學教師轉行成醫生的凱瑟琳・詹寧斯嗎（第 5 章能看到她的故事，請見第 111 頁）？或是需要重新調整投資組合中有薪和無薪工作的比例，像約瑟夫・索洛斯基離開聯邦調查局跟隨妻子的事業去德國的情況（第 2 章介紹他的故事，請見第 62 頁）？抑或是你像微生物學家薩布莉亞・斯圖克斯一樣燃燒殆盡，需要投資幾個月的長假（她的故事請見第 10 章，第 215 頁）？無論出於何種原因，有儲蓄資金會讓你擁有自主權，讓投資組合為你的生活服務，而不是反過來。

想要存下「滾蛋救助金」唯一的辦法就是生活量入為出，其中一種作法是減少開銷，並與理解和支持這種財務觀念的朋友往來。另一種作法是增加收入。沒錯，這就是額外收入來源可以發揮作用的地方。同時，為自己已經在從事的工作追求更多報酬，也是一個很好的策略。❻

想像各種可能，列出每月預算

我們已經介紹了你需要的基本財務工具，讓我們來看一個範例，如何共同運作，推動你的投資組合人生。

亞歷克斯住在底特律，是一名平面設計師，全職工作年收入為五萬美元。他現在單身，獨自生活，以下是他目前每月的收支預算：

	基本費用 $
全職工作	4,167
全職稅金	(1,067)
房租	(900)
水電費	(150)
伙食費	(400)
汽車貸款	(250)
保險費	(150)
汽油	(100)
學生貸款	(500)
醫療保健	(150)
儲蓄	(200)
雜項支出	(300)
淨收入	0

假設亞歷克斯正考慮辭去全職工作，全心投入接案工作，也想要知

----

❻ 請記住，這並不是要監控你花的每一分錢，或推崇奮鬥文化，而是為了確保你清楚知道如何充分利用自己的資源。

道這麼做是否可行。最直接的計算會是，他需要接多少案子，可支配所得才能與目前全職工作的收入相當？

目前，他的預算是基於每月 3,100 美元的可支配所得，考慮到自由工作者需要支付的額外自雇稅，他每個月需要賺到 4,626 美元才能有相同的淨收入。因此，第一個問題是：他能一開始就賺到這筆金額嗎？亞歷克斯認為，以他目前的經驗，他可以收取每小時 30 至 40 美元的費用，這代表他每週需要有 29 至 39 小時的計費工時才能達到收入目標。這在他啟動自由工作的第一個月似乎不太可能達成，所以我們開始提出其他問題並收集資訊。

首先，我們研究他的生活開銷，有沒有辦法可以減少他的消費？他認為自己生活已經很節儉了，但是如果為使職業轉型更順利，他很願意再減少開支。

亞歷克斯目前獨自住在一間舒適的兩房公寓，正在考慮三個月後租約到期時找一個室友，或是搬到一間較小的公寓。同一棟大樓還有一間單房公寓即將空置，租金是 725 美元，由於位在同一棟大樓，因此不需要支付申請費或仲介費，但是需要付搬家的費用。若找室友分租的話，他的房租可以降至 500 美元，因為第二間臥室稍小，租金可能是 400 美元。

如果必要的話，學生貸款最多可以延期十二個月，但沒支付的利息將會累積到未償還的本金中，亞歷克斯希望盡可能避免這種情況。他可以一次煮較大份量的食物，將餐點冷凍，讓每月伙食費降低到 300 美元。他也可以降低儲蓄金額，但他其實更希望增加儲蓄，因為一旦成為全職自由工作者，未來的收入可能會很不穩定。另一個重大選項就是放棄開車，改搭公共交通工具和偶爾的共乘服務。亞歷克斯估計，如果能夠堅持搭公車，能使交通費從每月 500 美元降低到 225 美元，不過，他將這視為最

後不得已的選擇。

總體而言，亞歷克斯可以透過不同的節儉程度降低支出，範圍從 275 美元（租較小的公寓和減少伙食預算）至 1,475 美元（室友分租、貸款延遲還款、減少伙食預算、暫停儲蓄和放棄開車）。他想要先考慮 275 美元的方案，看看是否可行，不行的話再進行更極端的削減開支。

第二組問題是關於時間安排：他認為自由工作的發展可能會是什麼樣子？假設他有一些以前合作過的客戶都很樂意與他再次合作，他認為自己可在全職工作的同時，每週額外投入多達 20 小時從事兼職工作，而不必擔心過度疲勞。雖然他以前收費是每小時 30 至 40 美元，但他認為可以從 40 美元的價格開始，甚至可能在幾個月後有了更廣泛的工作成品時提高收費標準。總體而言，他估計可以從第一個月開始每週工作 5 小時，第二和第三個月每週 10 小時，第四和第五個月每週 15 小時，第六個月每週 20 小時。

有了這些資訊之後，我們可以模擬出這個收入曲線和修正後的支出對他收支預算產生的影響。（請見第 240 頁表格）

亞歷克斯注意到幾件事情：搬家費用短期內抵銷了搬到較小公寓省下的租金，雖然他未來會受益於較低的房租。此外，六個月的額外收入讓他存下了超過八千美元，為他辭去工作全心投入自由工作提供了一個不錯的緩衝。他還發現似乎沒必要採取更極端的減少開銷措施，如果他能快速提高接案工作量的話，甚至可能不需要搬到較小的公寓。畢竟，如果他將第二間臥室做為專用辦公空間，就可以在報稅時列為營業費用扣除。

總體而言，他對這個轉變感到非常滿意，但還是有兩個問題困擾著他：首先，如果他無法立刻收取 40 美元，而需要從 30 美元開始，該怎麼辦？其次，他該如何應對自由工作現金流的不可預測性和波動呢？

	基本費用 $	第 1 個月	第 2 個月	第 3 個月	第 4 個月	第 5 個月	第 6 個月
全職工作	4,167	4,167	4,167	4,167	4,167	4,167	4,167
自由工作	0	800	1600	1600	2400	2400	3200
全職稅金	(1,067)	(1,067)	(1,067)	(1,067)	(1,067)	(1,067)	(1,067)
自由工作稅金	0	(264)	(528)	(528)	(792)	(792)	(1,056)
房租	(900)	(900)	(900)	(900)	(725)	(725)	(725)
搬家費用	0	0	0	(500)	0	0	0
水電費	(150)	(150)	(150)	(150)	(150)	(150)	(150)
伙食費	(400)	(300)	(300)	(300)	(300)	(300)	(300)
汽車貸款	(250)	(250)	(250)	(250)	(250)	(250)	(250)
保險費	(150)	(150)	(150)	(150)	(150)	(150)	(150)
汽油	(100)	(100)	(100)	(100)	(100)	(100)	(100)
學生貸款	(500)	(500)	(500)	(500)	(500)	(500)	(500)
醫療保健	(150)	(150)	(150)	(150)	(150)	(150)	(150)
儲蓄	(200)	(200)	(200)	(200)	(200)	(200)	(200)
雜項支出	(300)	(300)	(300)	(300)	(300)	(300)	(300)
淨收入	0	636	1,172	672	1,883	1,883	2,419
額外累積的存款		**636**	**1,808**	**2,480**	**4,363**	**6,246**	**8,665**

敏感度分析：稍有變動的情況下仍可維持收支平衡

　　敏感度分析（Sensitivity Analysis）是財務建模的伴隨工具，可以測試財務模型在假設變動時受到影響的程度。如果財務模型表面上看似可行，但若關鍵假設稍微出現偏差就會崩潰，那麼這種情境就屬於高風險。類似利用甘特圖進行的關鍵路徑分析，我們希望透過敏感度分析來檢視財務預測模型有多脆弱或穩固。

就像一位財務長一樣，你要關注整體的財務狀況，及其對投資組合人生的可能影響：如果經濟突然陷入衰退，會不會影響到你的工作需求，或是對價格的控制能力？是否可能會有大幅變動的支出，例如，在快速發展的城市中生活成本大幅上升？還有一些你平常沒有預算的單次費用，像是龐大的醫療花費或汽車維修？你有辦法因應這些費用嗎？還有其他你可能沒有考慮到的障礙嗎？簡而言之，你的模型中包含了哪些假設，而這些假設錯誤的可能性有多大呢？

在亞歷克斯的範例中，他想要以較低的收費來測試他的模型，看看這對他的緩衝資金的影響。將收費從每小時 40 美元改成每小時 30 美元，可以看到到第六個月結束時，他的累積儲蓄從 8,000 美元降至 6,000 美元。但這無法真正考驗他是否準備好全心投入自由工作，他希望將模型延長到第十二個月結束，在這段時期，他的自由工作時間每兩個月穩定增加，並在第六個月後失去全薪收入。以每小時 30 美元的保守收費率，我們可以看到他的儲蓄緩衝資金在這段過渡時期如何被運用。（見第 242 頁）

亞歷克斯的模型在收費較低的情況下仍然有效，對此他感到放心一點。現在，我們要將分析轉向他的第二個問題：如果他對自由工作時間增長的假設過於樂觀，以致他的現金流不夠穩定，該怎麼辦呢？

此時，我們要從這個問題開始分析：一旦自由工作成為唯一收入來源，他每個月必須工作多少小時才能收支平衡呢？（請見第 243 頁上表）

這個分析讓亞歷克斯有些緊張，在他創業的第一年，每週要達到 35 小時可計費工時才能彌補開支，似乎有些難以實現。而且，每週工時的預測並未考慮到休假或無法計費的工作，例如開具發票和業務拓展等。以 40 美元較高費率計算的每週 26 小時工作時數，似乎更可行，但亞歷克斯不確定他能否一開始就開出那個價格。

	基本費用$	第1個月	第2個月	第3個月	第4個月	第5個月	第6個月	第7個月	第8個月	第9個月	第10個月	第11個月	第12個月
全職工作	4,167	4,167	4,167	4,167	4,167	4,167	4,167	0	0	0	0	0	0
自由工作	0	600	1,200	1,200	1,800	1,800	2,400	2,400	3,000	3,000	3,600	3,600	4,200
全職稅金	(1,067)	(1,067)	(1,067)	(1,067)	(1,067)	(1,067)	(1,067)	0	0	0	0	0	0
自由工作稅金	0	(198)	(396)	(396)	(594)	(594)	(792)	(792)	(990)	(990)	(1,188)	(1,188)	(1,386)
房租	(900)	(900)	(900)	(900)	(725)	(725)	(725)	(725)	(725)	(725)	(725)	(725)	(725)
搬家費用	0	0	0	(500)	0	0	0	0	0	0	0	0	0
水電費	(150)	(150)	(150)	(150)	(150)	(150)	(150)	(150)	(150)	(150)	(150)	(150)	(150)
伙食費	(400)	(300)	(300)	(300)	(300)	(300)	(300)	(300)	(300)	(300)	(300)	(300)	(300)
汽車貸款	(250)	(250)	(250)	(250)	(250)	(250)	(250)	(250)	(250)	(250)	(250)	(250)	(250)
保險費	(150)	(150)	(150)	(150)	(150)	(150)	(150)	(150)	(150)	(150)	(150)	(150)	(150)
汽油	(100)	(100)	(100)	(100)	(100)	(100)	(100)	(100)	(100)	(100)	(100)	(100)	(100)
學生貸款	(500)	(500)	(500)	(500)	(500)	(500)	(500)	(500)	(500)	(500)	(500)	(500)	(500)
醫療保健	(150)	(150)	(150)	(150)	(150)	(150)	(150)	(150)	(150)	(150)	(150)	(150)	(150)
儲蓄	(200)	(200)	(200)	(200)	(200)	(200)	(200)	(200)	(200)	(200)	(200)	(200)	(200)
雜項支出	(300)	(300)	(300)	(300)	(300)	(300)	(300)	(300)	(300)	(300)	(300)	(300)	(300)
淨收入	0	502	904	404	1,481	1,481	1,883	(1,217)	(815)	(815)	(413)	(413)	(11)
額外累積的存款		502	1,406	1,810	3,291	4,772	6,655	5,438	4,623	3,808	3,395	2,982	2,971

降低租金後的每月開支	$(2,825)	$(2,825)	$(2,825)
所需淨收入	$2,825	$2,825	$2,825
預估的自由工作稅率	33%	33%	33%
所需的自由工作總收入	$4,216	$4,216	$4,216
自由工作收費標準	$30	$35	$40
每週所需工作時數以達到收支平衡	35	30	26

　　在著手行動之前，他想知道在保守預測下，以每小時 30 美元的費率和每週 25 小時工時的情況下，他需要多少儲蓄資金才能在完全轉成自由工作者的前六個月生存下來。（見下表）

降低租金後的每月開支	$(2,825)
自由工作收費標準	$30
計費工時保守預估	25
自由工作總收入	$3,000
預估的自由工作稅率	33%
自由工作淨收入	$2,010
每月赤字	$(815)
預估的六個月赤字總額	$(4,890)

根據亞歷克斯的估算，他在六個月的全職工作會有超過 6,000 美元的儲蓄緩衝，同時以 30 美元的費率接案，他對於這種保守預測下的赤字感到放心，覺得這個轉型可行，亞歷克斯已經準備好踏出這一步了！

為自己掌握最佳替代方案

這一整章的核心觀念是：按照財務長的思維模式，可以讓你擁有財務彈性，打造你真正想要的生活。

論及實現你對成功的定義時，知道自己想要什麼只是成功的一半，另一半是，如果當前的情況不符合你的期望，你可以自由地選擇離開。因此，在任何情況下，你最好的籌碼就是有個備用計畫。

這種情況的正式術語就是 BATNA（best alternative to a negotiated agreement），意指「談判協議的最佳替代方案」。當你建立起能給予你財務穩定和彈性的投資組合人生時，你就掌握了自己的 BATNA，基本上你就是現代的超級英雄。

我們只剩下最後一章，教你如何像策略長一樣預測未來。面對所有未知因素和生活變動，或許會讓人覺得擔心未來像是在浪費時間。然而，我們可以結合藝術、科學和一些合理的猜測，思考未來可能的樣貌，並考慮如何準備應對各種情境。預測未來可以讓你避免受意外驚嚇，讓你牢牢掌握主導權，打造一個可持續的生活，因應隨時可能出現的自然衝擊。讓我們來看一看吧！

Chapter **12**
預測未來，做好準備

我們的命運不在星辰，而在自己手中。

——莎士比亞（William Shakespeare），

《凱撒大帝》（*Julius Caesar*）

　　儘管我很想勉勵你要「活在當下！」，但如果我不建議你關注未來，那就是沒有盡到責任。我們走到今天這一步，絕大部份是因為過去幾十年的政治、經濟和生態的巨大變動。雖然特定巨變感覺上不見得會發生，但我們一再發現，未來極有可能出現頻繁且重大的擾動，對我們的生活產生正面或負面的影響。

　　沒錯，擾動不一定都是負面的事，可能是行為激烈的轉變（如全球疫情爆發加速推動居家工作）、新技術的廣泛應用（如 iPhone 帶來的重大影響），或特殊的外部因素（如日益被接受的大麻合法化）等，都突然帶來改變生活的契機，只要你準備好充分利用。由於你正在打造一個投資組合人生，擁有選擇權和彈性，可以視情勢抓住機會。

　　考量所有情況，我們最後要談的是策略長的角色。策略長最重要的工作就是觀察和回應市場變化，辨識新的戰略機遇，以及在經濟衰退出現

時盡量減輕風險。在你的生活中，像策略長一樣思考，將有助你為不可預測的情況做好準備，那麼**當**變動發生時（沒錯，是當，而非如果），你就不會完全措手不及，而無論發生什麼事，對於「你認為自己五年後是什麼境況？」這類的問題，答案多少都包括「快樂、元氣、向願望前進」。

生活在極度不確定中

關注未來是什麼意思？在瞬息萬變的世界中，如果我們超前五分鐘進行計畫，是不是在愚弄自己呢？在極度不確定的情況下，我們又怎麼能制定策略呢？

我們在第 2 章提到的艾美・韋伯（見第 42 頁）是一位定量分析未來學家❶、未來今日研究所（Future Today Institute）創辦人兼執行長，也是紐約大學前瞻策略助理教授。她的整個職業生涯都致力於未來，從趨勢預測到情景規畫，還有幫助個人和組織更靈活地思考。「想像自己的未來是困難的，其中牽涉到神經系統的因素。我們的大腦機制是用於處理眼前的問題，而不是未來的問題。再加上科技進步的速度如此之快，使得我們越來越聚焦當下。我們都在集體學習成為『當下主義者』，而不是『未來主義者』。」[1] 她在接受克勞斯・施瓦布（Klaus Schwab）和提埃里・馬勒雷（Thierry Malleret）的《偉大敘事》（*The Great Narrative*，暫譯）專書採訪時表示。

---

❶ 未來學家是指利用研究、建模、想像力和直覺對未來發展做出合理預測的人。他們的工作重點並不在於預測，而是在於提供機會建立應變能力、制定長期計畫和協助做出決策。

根據韋伯的觀點，「當下主義者」的心態有個問題：在面臨極度不確定性時，大多數人會變得不靈活，回歸預設計畫，拒絕考慮新的思維模式，這種思維僵化使得無論多大多小的干擾都會感到不知所措。反之，想要有效地應對意想不到的事件，我們必須提高靈活度。

韋伯會率先告訴你，預測未來是不可能的，而那不是她的研究重點，也不是投資組合人生的目標。在這兩種情況下，**「目標是為各種可能的結果做好準備」**。透過對未來保持關注，我們可以主動調整自己的投資組合，以應對變動浪潮。

兩種思維模式：發散與聚焦

管理不確定性的一個關鍵工具，就是要能夠在「發散」和「聚焦」兩種思維模式之間來回切換的能力。這是由史丹佛大學設計學院首先開發的「設計思維」模型，後來由韋伯改編應用在她未來學家的研究工作上。這是一個處理模糊狀況的過程，需要在不同思維之間進行轉換，亦即擴張思維（包括集思廣益、尋找新的觀點、考慮一系列替代方案）和集中思維（從各種可能性中篩選出具體的解決方案）。[2]

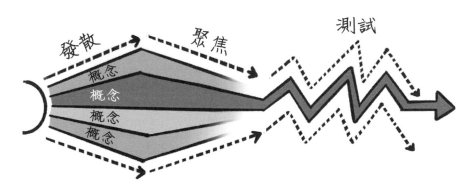

根據韋伯的說法，發散模式代表收集訊息，從截然不同的觀點中尋求靈感，以便發現新的行為模式、解決問題的技巧、邊緣趨勢和外部力量的早期信號。[3] 這個階段的重點不在於預測未來，而是保持開放的心態尋找潛在變化的線索、人們可能如何處理，以及誰可能受到這些事件的影響。

另一方面，聚焦模式則是對這些線索和跡象進行批判性分析，建構出應該會發生、合理會發生和有可能發生的情景。韋伯指出，這使我們能夠尋找數據、考慮時間軸，並提前規畫可能的應對策略。[4]

整體而言，這就是預測的藝術和科學：識別當前的模式，思考這些變化將如何影響未來，並規畫一條可行的路徑，積極參與建構未來，而不是等待未來的不確定性。以下讓我們更深入了解發散和聚焦模式如何發揮作用。

發散模式：調查突破方案、極端投資組合者、外部力量

發散模式使我們能夠想像超越現實的情境，並思考在什麼情況下這些情境有可能成真。這種方式鼓勵我們不要拘泥於一套腳本，而是要擴大思考，尋找其他各種可能路徑的線索。

這是一種思考狀態，需要你暫時擱置判斷，廣泛吸收各種資訊，並產生大量的想法，就像在利用文氏圖建構投資組合時所做的那樣。這不是評估選擇的時候，那是聚焦模式的任務，相反的，這是要廣泛地探索，發掘那些可能激發你下一步行動的不明顯想法。

創業家萊斯莉·布萊德蕭（Leslie Bradshaw）向來對個人生活有很明確的願景。她對未來職業生涯有一套目標，也很清楚什麼樣的生活環境有助於她茁壯成長，她渴望被朋友和社群包圍，也知道自己想要有個家庭。

在她二十多歲到三十歲出頭的歲月裡，她的生活多彩多姿，很多方

面都符合她的夢想，甚至有許多都超出她在大學和成年初期的想像，只有家庭這方面困擾著她。她沒有為了追求事業發展而將終身大事擱置一邊，其實正好相反！她曾經深深投入了幾段重要的感情，但從長遠來看，沒有一個適合的。如今，她都已經三十好幾了，她決定更廣泛地思考自己未來的家庭可能是什麼樣子。

她進入發散思維模式，探索她許多朋友和親近同事建立家庭的其他途徑，從同性伴侶到選擇做單親媽媽，再到那些選擇培養「非血緣關係家庭」而不是傳統核心家庭，她發現自己至少有八種選擇，其中七種她以前都沒有考慮過：

1. 自然受孕
2. 利用自己的卵子和未來伴侶的精子做試管嬰兒
3. 利用自己的卵子和捐贈者的精子做試管嬰兒
4. 利用自己的卵子和未來伴侶的精子受精後找代理孕母
5. 利用自己的卵子和捐贈者的精子受精後找代理孕母
6. 與已經有孩子的人建立伴侶關係
7. 領養孩子或成為寄養家庭，無論是否有伴侶
8. 不生育，但透過擔任心靈導師或阿姨的角色參與年輕人的生活

透過觀察身邊那些無法像多數人一樣自然受孕的人，她發現了一些替代模式，雖然任何一個選擇對她來說成功的機會似乎都不高，但萊斯莉告訴我：「當我將所有選擇放在一起看時，我不禁感到更堅強和有希望，至少其中一條路可能會實現。」

尤金・鍾（Eugene YK Chung）在關注外部力量時尋找了不同的靈感

來源。他的父母親是會計師和歌劇演唱家，他從小就對科技和講故事有興趣，然而在他的正式教育以及職業生涯的前十年中，這些興趣必須分開發展，他可以成為一位藝術家和電影製片人，或是成為科技創業家和風險投資人，但這兩條路是否會相交呢？還是未知數。

　　虛擬現實自一九八〇年代以來一直存在，充滿許多潛力，但從未達到臨界點。「我們有數千年的劇院、數百年的歌劇，以及一個多世紀的電影，我從沒想過我會親眼見證全新敘事媒介的出現，而我竟然看到了。」突然間，在二〇一〇年代中期，科技曲線到了明顯的轉折點，智慧型手機和處理晶片、影片生成軟體的研發成果，與可穿戴式硬體的發展結合在一起，尤金意識到，這些外部力量將使元宇宙（metaverse，由擴增和虛擬實境技術驅動）成為他一直在等待的新藝術媒介。因此，他辭去了創業投資的工作，全心投入 Penrose Studios 創辦人和執行長的角色中。雖然公司被譽為「虛擬實境的皮克斯」（Pixar of VR），但尤金相信沉浸式敘事是未來的媒介，自成一個獨特的類別。

　　未來預測家和遊戲設計師珍・麥高尼格（Jane McGonigal）在她的著作《想像力：洞察未來，做好萬全準備》（*Imaginable: How to See the Future Coming and Be Ready for Anything*，暫譯）中寫道：「你可以在新聞和社群媒體、科學期刊和 TEDx 演講、podcast 訪談和抗議活動中找到變革的跡象。任何只要有新的想法被分享、令人驚訝的事件被記錄下來的地方，就可以看到。」[5]

聚焦模式：建構應該會發生→合理會發生→有可能發生的情景

　　一旦你擴展了視野，腦力激盪出各種潛在未來之後，現在該轉換方向開始聚焦了。目標不是挑選一個想要追求的未來，而是建構各種不同的

情境，從應該會發生（在沒有重大環境變化情況下，最可能發生的結果），到合理會發生（如果生活多方面發生了巨大變化，產生的可信結果），再到有可能發生（如果生活方式與現在大不相同，產生的潛在結果）。這是執行模式，而不是隨意的想像。在評估未來可能面對的各種情景和制定相關的因應計畫時，要有系統，尋找數據，並積極尋求反饋意見。

為什麼我們要花時間去建構未來應該會發生、合理會發生、有可能發生的情景呢？因為透過建構這些故事，我們正在創造一些未來主義者所謂的「未來記憶」（future memories），這些記憶對於處理令人不安、不想面對或創傷的未來時有極大影響力。當我們創造了未來記憶時，「一開始感受到的情緒不是震驚而是認同。」根據麥高尼格的說法，「我們認出了這個陌生的新世界，因為之前已花時間想像自己置身其中，這個認知在向我們傳達：**你知道這事，你能處理的。這對於消除無助和恐懼是一個強大的解藥。**」

應該會發生的情景通常是你早已經在考慮的情景，大多是你預想將來會發生的事。然而，儘管可能性很高，也不能保證一定會發生。因此，我們希望對這個未來版本的基本假設進行壓力測試，以確保這些假設必須成立才能實現這個未來。這些假設有多可靠或多不穩定？如果證明假設是錯誤的，我們會希望做好哪些不同的準備？

案例研究：沒有比家更好的地方

麗茲❷才剛新婚不久，和丈夫正在考慮要在丹佛市郊買房子。他們是大學時期的情侶，經過近十年的遠距戀情，各自追求自己的事業，終於開心地決定要安定下來，共組家庭。丹佛的房地產市場過去幾年

開始蓬勃發展，他們急著在儲蓄足夠支付頭期款的時候購屋。然而，他們的每一份報價都不斷輸給出價更高、更快成交、或全現金交易的買家。所以他們將預算提高到覺得安全的上限，但還是沒有成功。

麗茲的丈夫想再次提高預算，他們倆都有工作，有合理的工作保障，還有薪資增長和豐厚獎金的紀錄，如果他們動用儲蓄，應該能夠很快重新累積存款，他們還沒有孩子，短期內也沒有其他重大的負擔，何不進一步擴大預算，讓自己最終擁有一棟房子呢？

但是，麗茲對這些假設感到不太放心，萬一其中一家公司倒閉怎麼辦？他們都在快速成長的新創公司工作，這代表某家公司哪天可能倒閉的機率相當高。而且兩人的父母都年事已高，麗茲又是獨生女，不確定父母若有意外時經濟狀況是否足以支應。在考慮動用他們的儲蓄購屋之前，她想坐下來和父母談談，了解他們的狀況。

兩週後，麗茲和丈夫坐在紐澤西州父母家的客廳裡，準備要談論退休儲蓄和長期計畫，麗茲的母親突然拋出一個震撼彈：麗茲的父親被診斷出患有阿茲海默症，而且病情惡化得很快，有可能需要轉移到護理機構，雖然她不知道具體費用是多少，但她知道她父母負擔不起。母親當時並未要求提供金錢幫助（暫時還沒有），但她請麗茲協助研究和填寫相關表格，以弄清楚如何為父親提供所需的特殊照護。

在接下來的十八個月，麗茲向公司請了一段長假，將時間分配在丹佛和紐澤西之間，幫助父母處理美國老年照護的繁瑣程序和文件。她和丈夫決定不買房子，以維持財務上的彈性，依靠單一收入生活一

---

❷ 應麗茲要求，一些身分辨識細節已經做了修改。

段時間。她說：「過去一年半以來，唯一比現在更糟糕的情況會是，如果我們買了一間負擔不起的房子，我會感覺被困在工作中，必須遠距離處理這個情況。」

當麗茲和她丈夫在找房子時，他們是基於父母健康且財務穩定的假設在規畫未來，然而考慮到父母的年齡，他們很有可能在某個時候會需要麗茲的幫助。最大的未知數是何時會需要麗茲？在麗茲和丈夫繼續進行購屋計畫之前，他們明智地調查了這個不確定因素，並能夠相應地調整計畫。

第二種情境——合理會發生的情境——是指你可以看到一個可能發生的結果，但需要做出一系列的選擇或改變，才能使之成真。你可以透過評估這些選擇和改變，來決定是否採取任何措施來增加或減少其發生的可能性，而這取決於你希不希望看到這些未來情境成真。

讓我們回到萊斯莉的例子：在評估未來家庭的八個選項時，萊斯莉意識到凍卵是重要的一步，在她考慮的各種可行辦法中占了一半。因此，她決定深入了解這個過程，花錢進行幾次取卵週期，以增加其中一種情況成功的可能性。這是一個昂貴的決定，也對她生活其他方面造成了重大影響。然而如果不凍卵，會使她日後無法有這些選項，一旦她明白這點，下定決心就容易多了，她選擇採取必要的措施，使未來建立家庭的合理情境變得更有可能實現。

最後一種——有可能發生的情境——是一般人大多時候不太可能花時間去想的未來情境，這些是一連串的奇蹟，或是看似不可能或難以想像的不幸事件。然而，這些情境發生的機會並非為零，因此根據定義，還是有

可能會發生的,如果完全忽視,就代表萬一發生的話,你將會措手不及。

　　例如,大多數人不會選擇坐下來思考自己可能會如何以及何時死亡,花時間想這些不是件愉快的事,通常有太多未知因素,甚至難以想像可能的情境。但是,當我懷第一個孩子時,我選擇面對自己在分娩過程中死亡的可能性。我是一個身體健康、受過教育的白人女性,生活在大都市,能夠獲得優質的醫療服務,我在分娩中存活的機率比其他許多美國婦女更高,但是這種好結果絕非百分之百。美國產婦的死亡率是已開發國家中最高的,在我母親生下我之後的三十多年間,這個數字增加了一倍以上。[6]

　　因此,我沒有忽視這種未來的可能性,我採取措施來照顧我的家人,以防萬一:我寫好了遺囑,記錄了我臨終的醫療意願;增加了人壽保險的承保範圍;我也給未出生的孩子、我的丈夫和一些親密好友留下了信,寫下他們需要知道的一切,包括密碼和金融帳戶、我對他們的愛,和他們對我的重要性。當我順利度過分娩康復之後,我曾經考慮過要銷毀這些信件,讓一切恢復「正常」,但後來又覺得我寧願保留計畫,以便為其他不太可能但說不定會發生的未來做好準備,例如我可能意外死亡的情況。這不是我最喜歡思考的事情,但我確實感到如釋重負,因為我知道自己對這種可能的結局做好了準備。

可行性如何?模擬未來的發展、機遇和風險

　　一旦你考慮了各種應該會發生、合理會發生、有可能發生的情景之後,最後一步就是考慮可行性,根據你目前的情況,你需要哪些資源(時間、金錢、團隊)才能實現這些情景,以及這些資源在現實中有多實在。這就是你的投資組合人生的優勢:當你審視未來作評估時,你對於「可行

嗎？」這個問題，不會只是簡單地回答「是」或「否」，你可以重新平衡你的投資組合，使你渴望的情境變得更可行。

史蒂芬妮・佩雷拉（Stephanie Pereira）在一份讓她每天哭泣的工作中痛苦了三個月，最後終於承認這條路行不通。那天是跨年夜，而這位二十八歲的女子身處紐約市的一間公寓裡，身邊都是「參加迷人活動的迷人群眾」，而她是淒涼的。她是學攝影和藝術管理的，但她還沒有找到定位，也不知道人生方向，更沒有財務安全網可以讓她輕易放棄工作。

因此，她給自己三週的時間，思考如何減少開支並賺到足夠的錢，好讓她有時間來探索不同的情境，她笑著回憶道：「接下來的一年半裡，我嘗試各式各樣的工作。」參與某個慶典的志工服務、在藝術博物館擔任導覽人員、到公立學校工作、為非營利組織撰寫補助金申請、擔任研究員等等，一切都是為了找出自己想成為什麼樣的人、希望如何展現自己。

熬了一年半每天吃「非常便宜的墨西哥捲餅——可不是五美元昂貴的那種，而是自製陽春版的哦」，她決定進入 Eyebeam 藝術與科技中心，這是一個非營利組織，協助藝術家參與科技和社群互動。此後她在藝術、科技和社群的交集處建立了不可思議的事業，在 Kickstarter、新博物館、加密初創公司 Rally 和創作者平台 Tellie 擔任領導職務。

要找到自己的道路，首先需要深入探索，而要做到這一點，需要一**個可行的財務計畫**。為未來的不確定性規畫一條可行的道路，讓未來掌握在自己手中。

與生活夥伴共同規畫未來

我利用財務模型和敏感度分析來預測可能的未來已經超過十五年，

兩者都是對我很重要的工具，幫助我理解不同決策的影響，或測試各種假設的風險性。在我遇到另一半之前，這些工具只需為我服務，而當我開始考慮與伴侶攜手共創生活時，我發現在結婚之前，將這種方法應用在規畫彼此可能的未來是多麼有價值。

在我們的關係中，關於金錢的討論很早就出現了。我從過去的經驗中知道，對於收入、支出、儲蓄和捐款的態度存在差異，可能會嚴重影響伴侶之間的關係。我們交往的前六個月中，都經歷了重大的職業轉變，自然有機會展開這方面的對話。當時，我從非營利組織的領導職位變成一家快速發展的新創企業高階主管，查斯辭去了私人律師事務所的工作，轉回到公共部門，加入紐約市一家小機構的領導團隊。在幾個月內，我得到了大幅加薪，而他則面臨大幅的減薪。有鑑於我們各自的興趣和可能的投資組合，我們知道這絕不會是最後一次出現這麼戲劇性的變化。

在我們開始討論婚姻時，我請查斯和我一起坐下來建立一個財務模型，預測兩人未來十年的生活。我們在決定同居並共同租屋時，就已經討論過基本的財務狀況，對彼此的信用評分、債務、資產和日常消費習慣坦誠相告。我們也大致討論過我們的抱負、價值觀和對未來的夢想，但我希望能夠更深入探討職涯道路、子女、住房、托兒、自由支配的開支、儲蓄目標，和其他可能突然出現的財務義務。我不僅想知道我們的夢想是否可行，更想知道查斯是否願意努力來規畫這些夢想，揭示可能必須面對的壓力和權衡取捨，以確保我們的未來更能實行。

在一個星期六的早晨，他做了培根和雞蛋，我喝了一些咖啡讓自己清醒後，我們花了三個小時坐在餐桌前為共同生活建立財務預估。這不是對未來的具體計畫，只是一個演練，規畫彼此生活如何融合在一起，以及共組家庭時可能面臨的曲折和挑戰。

我們在前三年每個月建立一次財務模型，然後在接下來的七年裡每年一次，因而注意到有小孩的那幾年財務壓力將有多大，直到公立學校的出現才減輕托兒費用的負擔。同時也發現，如果我們想在公共、私營和非營利機構之間靈活轉換職業跑道，就需要更長時間節制住房和自由支出，可能超乎我們原本的預期。還有，隨著責任增加，其他的投資如進修、長假再到各地旅行，都需要仔細計畫和優先考慮。

在演練結束時，我毫不懷疑他將成為我的終身伴侶，我們一起分享兩人投資組合人生的心理負擔和喜悅。因此，當他在我收起筆電時輕描淡寫地問：「我們該挑個日子了嗎？」我並沒有太驚訝，笑著回答說：「我十月份這兩個週末有空，你有時間嗎？」這就是我們訂婚的過程。（幾個星期之後，我們設計了一枚戒指，他單膝跪下，享受求婚的樂趣，但我依然將財務模型視為我們未來共同生活承諾的象徵）。

創造你想要的未來

未來主義者總是敏銳地尋找線索，辨識變化的跡象，探求極端投資組合者的突破方案和外部力量的轉折點。然後，他們會專注於測試這些多樣化的訊息，以了解如何為未來情境提供資訊。要確定這些未來情境的可行性，則需要對資源進行建模，並測試模型中的假設敏感性。整體而言，這就是預估的藝術和科學：識別當前的模式，思考這些變化將如何影響未來，並制定一條可行的道路，積極參與建構接下來發生的事，而非等待未來的不確定性。畢竟，這就是投資組合人生的意義：擁有主動權，打造你應該擁有的生活。

　　2021 年 12 月，就在年末前幾天，曾在第 2 章中提到從演員轉行為工程師的卡拉・斯蒂克勒（見第 56 頁）收到她期待已久的簡訊。卡拉和丈夫亞當經過一個特別忙碌的秋季之後，正準備開車從芝加哥前往密西根北部的一個小木屋，打算度假一個星期。隨著新冠疫情席捲美國東北部地區，重新開張的百老匯劇場正在努力維持營運。Omicron 變異株經證明毒性比早期變種要小，但傳播能力更強，而舞台演員因無法在工作時戴口罩，面臨著更高的感染風險。

　　當卡拉開始在一家科技新創公司擔任初級軟體開發人員編寫程式碼時，她看到自己以前在《魔法壞女巫》的演員同事輪流扮演艾爾法巴（Elphaba）這個角色。每當主角生病時，他們會先安排替補演員，然後是備用替補演員，再來就是預備演員上場應變。《魔法壞女巫》並不是唯一受到影響的劇目，十二月的某個時候，因為太多劇院工作人員都生病

了，幾乎有一半的百老匯戲劇和音樂劇被取消。[1] 那些設法開演的劇目不得不在選角方面做一些變通。（有一天晚上，《獅子王》讓平常飾演辛巴的童星扮演辛巴的對象娜娜，而由他的替補扮演辛巴，因為平時扮演娜拉的兩位演員都生病了。）

不久，《魔法壞女巫》的製作人開始聯繫已離開該劇的前任演員，這時卡拉的手機響了起來。儘管她一年多前就離開了演藝生涯，而且將近七年沒有扮演艾爾法巴了，她還是被請求飛往紐約協助演出。因此，她沒有前往密西根度假，而是搭上前往紐約的航班。只經過一次複習彩排，卡拉就扮演了百老匯最困難的角色之一，借助液壓升降機和一些令人驚歎的舞台魔法，飛翔於四十呎空中，挑戰地心引力，高唱經典歌曲。

對於卡拉來說，這是一個「圓滿」的時刻。「離開演藝圈後有機會再次扮演艾爾法巴，終於讓我釋懷，就算從此不再演出，我也滿足了，因為我知道昨晚發生的一切有多麼不可思議。」她隔天在 Instagram 上道出這段心聲。隨著她的故事在網路上爆紅，也給了她一個啟示，提醒她不必為了當一名軟體工程師而捨棄自己藝術家的身分。數以百計的人告訴她，在多個領域同時取得卓越成就的典範激勵了他們。看到她的表現，讓他們感覺有權做真正的自己：展現充滿活力、才華洋溢、形狀獨特的拼圖。於是，當她卸下臉上的綠色舞台妝容，回到芝加哥的新生活時，卡拉決定再次重新書寫她的故事。

~~卡拉·斯蒂克勒是一位百老匯演員和聲樂教師。~~
~~卡拉·斯蒂克勒是一位在科技新創企業工作的軟體工程師。~~
卡拉·斯蒂克勒是一位多重專業身分的人，提倡將藝術家納入 STEM。❶

世界正以前所未有的速度轉變，在這變化中，想追求一個充實、經濟穩定，又能靈活容納文氏圖上每個層面的你，可能會有一些畏懼。當父母和祖父母那一輩為我們制定的生活方式似乎完全無法遵循時，可能也會覺得是自己有所不足。然而，你有權建立一個充滿喜悅、成長、愛、冒險、美好、和放鬆的生活，這正是投資組合人生嚮往的。

　　在本書中，我們學會如何接納自己各方面的特質，將個人價值與工作分開。我們找出自己的優先事項，學會拒絕不想參與的活動，堅定地保護重要之事，並扮演執行長、行銷長、營運長、財務長、策略長等各種角色，有了合適的人才、系統和工具，來實現自己的投資組合人生。

　　制定一條未曾開拓的道路需要更多努力，這一點毫無疑問。然而，這額外的努力會給你一些回報，這是你父母和祖父母沒有的：結合穩定性和彈性，使你成為獨特而多面向的人，這打開了狹窄定義的道路之外一個鍛造未來的機會，擁抱真正適合你的豐富生活。老實說，你的追求應該不止於此，因為，人生**真的**只有一次。

---

❶ 編按：STEM 整合科學（Science）、科技（Technology）、工程（Engineering）和數學（Math）跨領域，培養創新與問題解決的能力。第 9 章第 178 頁亦提及 STEM 計畫。

致謝

Hannah Robinson 是每位作家都夢寐以求的編輯類型。她就好像是一位魔術師、外科醫師和心理治療師，看到了這本書的潛力，一章接一章地引導出來。Hannah，感謝你的合作、鼓勵，還有在我在初稿交付之前兩個月生產時給予我的彈性處理方式（我們下次別再這樣了吧！）同時，我也要感謝 Grand Central Balance 的編輯、製作和宣傳團隊，與你們合作是我莫大的榮幸。

Joy Tutela 不僅是一位代理商，也是書籍催生者，帶領著 David Black Literary Agency 代理公司最優秀的團隊，一年多來，與我共同努力找到合適的方式來分享這些想法，多次修改了七、八個（真的很糟糕的）提案版本，才終於成功提交計畫。感謝你幫助我確立這本書的架構，以及在疫情期間與我在公園長時間的散步漫談。即使在我認為本書已經無望時，你依然讓它保持生命力，感謝你。

　　我有個非常優秀的早期讀者團隊，他們提供了反饋，推動我的研究，並質疑我有無必要用那麼多極端的雙關語。我由衷感謝 Sally McGraw、Rene Paula、Alex Cavoulacos、Kathleen Carey、Katie Orenstein 和卡拉·斯蒂克勒（Carla Stickler）的詳細筆記。也要感謝那些善心人士，允許我在這本書中分享他們的故事。你們鼓舞人心的案例研究使這些想法變得更具體，展示了這種模型中可能存在令人難以置信的多樣化經歷。同時感謝哈佛商學院的同事們，他們回答了我的研究問題，給予鼓勵，並對我的初稿提供重要的評論，如果本書有任何錯誤，均由我個人承擔。

　　本書精彩的插圖和書籍網站上可下載的範本，是才華洋溢的設計師 Giovanna Castro 的作品，我很榮幸能三度與她合作。同樣的，我也很高興再次與 Elan Morgan 合作，建構書籍網站和我的個人網站。他們都是非常優秀的人才，極具創意能力，如果你正在尋找合作夥伴，不妨考慮與他們聯繫。我也要特別感謝 Ashley Sandberg 和 Triple7 PR 整個公關團隊對本書的支持，與你們合作非常愉快。

　　我要對凱特·史考特·坎貝爾（Cate Scott Campbell）表達由衷的謝意，為「極限不存在」連續三季的 podcast 節目注入了生命力，如果沒有你，我永遠不會知道有多少聽眾在尋找啟發和指導，以求擺脫現狀建立不同的生活，感謝你在 2016 年的 SXSW（西南偏南藝術節）與我一同踏上 podcast 之路。

　　感謝我的教練、談判者、中介者、加油打氣者和說真話者：凱瑟琳·詹寧斯（Catherine Jennings）、Melissa Plamann、Alexandra Silber、Rachel Beider、卡拉·斯蒂克勒（Carla Stickler）、Kathryn Minshew、Alex Cavoulacos、Alex Tryon、Margaret Eby、格琳妮斯·麥克尼科爾（Glynnis MacNicol）、瑞秋·斯克拉（Rachel Sklar）、Ann Shoket、

Esi Sogah、Megan Lemley、TheLi.st、我的姊姊史蒂芬妮·阿爾德曼（Stephanie Alderman）、我的母親 Beverly Wallace、我的姻親凱瑟琳和 Charles Carey，以及家族的其他成員。感謝我在 Quincy 的共同創辦人艾利克斯·納爾遜（Alex Nelson）和我們的教授、顧問兼投資者湯姆·艾森曼（Tom Eisenmann），你們是我創業之旅的催化劑。我還要向我已故的啟蒙導師克雷頓·克里斯汀生教授（Clayton Christensen）表示最深切的感激之情。

最後，我必須感謝我的丈夫查斯·凱里（Chas Carey）提供的情感和實際支持、創意反饋和全心的育兒照顧，使得這本書得以完成。我開始動筆時，我們只有一個孩子，而完成時已經有了兩個孩子，在此期間，我們搬到另一個州，他完成了藝術碩士學位並開始一份新工作，而我則一直教授 MBA 學生，直到臨盆前五天。如果不是我們在過去七年攜手合作建立的夥伴關係，這一切都是不可能實現的，我對你每天為我們家庭的付出無比感激。還有我的兩個孩子 Arden 和 Sebastian，感謝你們以最美好的方式改變了我的生活。

參考資料

前言 被打亂的人生

1 Cramer, Reid, Fenaba Addo, Colleen Campbell, J. Choi, B. Cohen, C. Cohen, W. R. Emmons et al., "The Emerging Millennial Wealth Gap," *New America* (October, 2019).

2 Hobbes, Michael, "Generation Screwed," Huffington Post, December 14, 2017, https://highline. huffingtonpost.com/articles/en/poor-millennials/.

3 Baum, Sandy, Diane Cardenas Elliott, Jennifer Ma, and D'Wayne Bell, "Trends in Student Aid, 2013. Trends in Higher Education Series," *College Board* (2013). 根據 1980 年和 2010 年每名學生的平均貸款金額計算。

4 美國人口普查局（US Census Bureau）當前人口調查／住房空置調查，2022 年 3 月 15 日。

5 根據 NerdWallet 對聯邦數據的分析，對 2015 年這屆學生做出的預測。

6 Chang, Clio, "The Generation Shaped by Layoffs," GEN x Medium, December 16, 2020, https://gen. medium.com/the-generation-shaped-by-layoffs-e735ef79aa1f.

7 Petersen, Anne Helen, "How Millennials Became the Burnout Generation," Buzz-Feed News, September 14, 2021. https://www.buzzfeednews.com/article/annehelenpetersen/millennials-burnout-generation-debt-work.

8 Bialik, Kristen, and Richard Fry, "Millennial Life: How Young Adulthood Today Compares with Prior Generations," Pew Research Center's Social & Demographic Trends Project. Pew Research Center, April 1, 2022. https://www.pewresearch.org/social-trends/2019/02/14/millennial-life-how-young-adulthood-today-compares-with-prior-generations-2/.

9 Gelles, David, *Man Who Broke Capitalism: How Jack Welch Gutted the Heartland and Crushed the Soul of Corporate America—and How to Undo His Legacy* (New York: Simon & Schuster, 2022).

Chapter 1 變化是現代生活的新常態

1 Burke, Peter, *The Polymath: A Cultural History from Leonardo da Vinci to Susan Sontag* (New Haven, CT: Yale University Press, 2021).

2 "Industrialization, Labor, and Life," National Geographic Society, accessed June 26, 2022, https:// www.nationalgeographic.org/article/industrialization-labor-and-life/.

3 Rafferty, John P, "The Rise of the Machines: Pros and Cons of the Industrial Revolution," Encyclopedia Britannica, accessed June 26, 2022, https://www.britannica.com/story/the-rise-of-the-machines-pros-and-cons-of-the-industrial-revolution.

4 Niiler, Eric, "How the Second Industrial Revolution Changed Americans' Lives," History.com, January 25, 2019, https://www.history.com/news/second-industrial-revolution-advances.

5 Martin, Roger, "The Age of Customer Capitalism," *Harvard Business Review* 88, no. 1 (2010).

6 "Carbons to Computers," Smithsonian Learning Lab, 1998, http://www.smithsonianeducation.org/educators/lesson_plans/carbons/text/birth.html.

7 Allen, Tammy D., John P. Rafferty, and Grace Young, "State-Organized Farming," Encyclopedia Britannica, November 7, 2014, https://www.britannica.com/topic/history-of-work-organization-648000/State-organized-farming.

8 Pearlstein, Steven, "How the Cult of Shareholder Value Wrecked American Business," *Washington Post,* November 25, 2021, https://www.washingtonpost.com/news/wonk/wp/2013/09/09/how-the-cult-of-shareholder-value-wrecked-american-business.

9 Laura, Robert, "Saying Goodbye to Retirement Traditions," *Forbes,* June 30, 2021, https://www.forbes.com/sites/robertlaura/2013/01/26/saying-goodbye-to-retirement-traditions/.

10 Martin, "The Age of Customer Capitalism."

11 EPI 針對美國勞工統計局（Bureau of Labor Statistics，簡稱 BLS）勞動生產力與成本計畫中未發表的總體經濟生產力數據進行分析，該分析包含 BLS 當前就業統計、BLS 就業成本趨勢、BLS 消費者物價指數，以及美國經濟分析局國民所得與生產帳戶的工資數據。

12 "Digest of Education Statistics, 2020," National Center for Education Statistics (NCES), US Department of Education, 2020, https://nces.ed.gov/programs/digest/d20/tables/dt20_330.10.asp.

13 "The State of the Nation's Housing," Joint Center for Housing Studies at Harvard University, 2018.

14 Statistics, US Bureau of Labor, "Consumer Expenditures in 2019," 2020.

15 Statistics, US Bureau of Labor, "Consumer Expenditures in 2021," 2022.

16 Gelles, David, "How Freelancing Is Changing Work," *New York Times,* August 13, 2021, https://www.nytimes.com/2021/08/13/business/hayden-brown-upwork-corner-office.html.

17 Newport, Cal, "Why Are so Many Knowledge Workers Quitting?" *New Yorker,* August 16, 2021, https://www.newyorker.com/culture/office-space/why-are-so-many-knowledge-workers-quitting.

18 Roose, Kevin, "Welcome to the YOLO Economy," *New York Times,* April 21, 2021, https://www.nytimes.com/2021/04/21/technology/welcome-to-the-yolo-economy.html.

19 Kreizman, Maris, "Where Did My Ambition Go?" GEN x Medium, June 26, 2020, https://gen.medium.com/where-did-my-ambition-go-c800ab4ad01d.

20 Thompson, Derek, "Workism Is Making Americans Miserable," *Atlantic,* August 13, 2019, https://www.theatlantic.com/ideas/archive/2019/02/religion-workism-making-americans-miserable/583441.

21 Jai Chakrabarti, "Embracing the Whole You: You Are More than Your Job," Fast Company, July 6, 2021, https://www.fastcompany.com/90651651/embracing-the-whole-you-you-are-more-than-your-job.

Chapter 2 投資組合人生的四大支柱

1 Nielsen, Jared A., Brandon A Zielinski, Michael A Ferguson, Janet E. Lainhart, and Jeffrey S. Anderson, "An Evaluation of the Left- Brain vs. Right-Brain Hypothesis with Resting State Functional

Connectivity Magnetic Resonance Imaging," *PLoS One* 8, no. 8 (2013): e71275.

2 Gazzaniga, Michael S, "The Split Brain in Man," *Scientific American* 217, no. 2 (1967): 24–29.

3 Pines, Maya, "We Are Left- Brained or Right- Brained," *New York Times Magazine,* September 9, 1973, 32–33.

4 Knoblauch, Max, "Icebreakers with . . . Mathematician and Former NFL Player John Urschel," Morning Brew, December 10, 2021, https://www.morningbrew.com/daily/stories/2021/12/10/ icebreakers-with-mathematician-and-former-nfl-player-john-urschel.

5 Jaschik, Scott, "Age, Experience and Bias," Inside Higher Ed, June 6, 2008, https://www. insidehighered.com/news/2008/06/06/age-experience-and-bias.

6 Azoulay, Pierre, Benjamin F. Jones, J. Daniel Kim, and Javier Miranda, "Age and High-Growth Entrepreneurship," *American Economic Review: Insights* 2, no. 1 (2020): 65–82.

7 McBride, Sarah, "The Typical Unicorn Founder Started Their Business at 34," Bloomberg, May 21, 2021, https://www.bloomberg.com/news/articles/2021-05-21/what-s-the-average-age-of-a-startup-founder-it-s-34-study-says.

8 Franses, Philip Hans, "When Did Nobel Prize Laureates in Literature Make Their Best Work?" *Creativity Research Journal* 26, no. 3 (2014): 372–374.

9 原文為："The only true voyage of discovery, the only fountain of Eternal Youth, would be not to visit strange lands but to possess other eyes, to behold the universe through the eyes of another, of a hundred others, to behold the hundred universes that each of them beholds, that each of them is; and this we can contrive with an Elstir, with a Vinteuil; with men like these we do really fly from star to star." Proust, M, "The Captive (La Prisonnière)," Vol. 5 of *Remembrance of Things Past* (À la Recherche du temps perdu). Translated from the French by CK Scott Moncrieff. A Project Gutenberg of Australia eBook (2018).

10 Dyer, Jeffrey H., Hal Gregersen, and Clayton M. Christensen, "The Innovator's DNA," *Harvard Business Review* 87 (2009).

11 繼《哈佛商業評論》的文章之後，他們也在一本書中發表其研究成果，若有興趣，也值得一讀：Dyer, Jeff, Hal Gregersen, and Clayton M. Christensen. *Innovator's DNA, Updated, with a New Preface: Mastering the Five Skills of Disruptive Innovators* (Boston, Harvard Business Press, 2019).

12 Handy, Charles, *The Age of Unreason*, Harvard Business Press, 1991.

13 2019 Layoff Anxiety Study conducted by the Harris Poll on behalf of CareerArc. August 15, 2019. https://resources.intoo.com/guides/layoff-anxiety-study.

14 Lashbrook, Angela, "The Overwhelming Anxiety of Corporate Millennial Tik-Tok," GEN x Medium, April 6, 2021, https://gen.medium.com/the-overwhelming-anxiety-of-corporate-millennial-tiktok-d391b76c2722.

15 Lee, Caroline, "The Power of the Extreme User and Designing (In)correctly," Accomplice, December 19, 2018, https://accpl.co/power-extreme-user-designing-incorrectly/.

16 Aurand, Andrew, Dan Emmanuel, Dan Threet, and Diane Yentel, "Out of Reach," Washington, DC: The National Low Income Housing Coalition, 2021.

17 Novello, Amanda, "The Cost of Inaction: How a Lack of Family Care Policies Burdens the U.S. Economy and Families," National Partnership for Women and Families, July 2021. https://www.nationalpartnership.org/our-work/resources/economic-justice/other/cost-of-inaction-lack-of-family-care-burdens-families.pdf.

Chapter 3 警告：可能會失敗

1　Ramirez, Jeffery, Janalee Isaacson, Deborah Smith, and Brenda Senger, "Teaching Life Lessons: When Millennials Fail," *Building Healthy Academic Communities Journal* 2, no. 1 (2018): 50– 59.

2　Sagar, Sam S., David Lavallee, and Christopher M. Spray, "Why Young Elite Athletes Fear Failure: Consequences of Failure," *Journal of Sports Sciences* 25, no. 11 (2007): 1171– 1184.

3　Blackburn, Amy C., and Deborah B. Erickson, "Predictable Crises of the Gifted Student," *Journal of Counseling and Development* 64, no. 9 (1986): 552– 554.

4　Blackburn, Amy C., and Deborah B. Erickson, "Predictable Crises of the Gifted Student."

5　Seibert, Scott Ed, Maria L. Kraimer, and Peter A. Heslin, "Developing Career Resilience and Adaptability," *Organizational Dynamics* 45, no. 3 (2016): 245– 257.

6　Seligman, Martin EP, "Building Resilience," *Harvard Business Review* 89, no. 4 (2011): 100– 106.

7　Nathoo, Zulekha, " 'Failing Up': Why Some Climb the Ladder Despite Mediocrity," BBC, March 3, 2021, https://www.bbc.com/worklife/article/20210226-failing-up-why-some-climb-the-ladder-despite-mediocrity.

8　Glass, Christy, and Alison Cook, "Performative Contortions: How White Women and People of Colour Navigate Elite Leadership Roles," *Gender, Work & Organization* 27, no. 6 (2020): 1232–1252.

9　Malesic, Jonathan, "The Future of Work Should Mean Working Less," *New York Times,* September 23, 2021, https://www.nytimes.com/interactive/2021/09/23/opinion/covid-return-to-work-rto.html.

10　Ucbasaran, Deniz, Dean A. Shepherd, Andy Lockett, and S. John Lyon, "Life After Business Failure: The Process and Consequences of Business Failure for Entrepreneurs," *Journal of Management* 39, no. 1 (2013): 163– 202.

11　Nobel, Carmen, "Why Companies Fail— and How Their Founders Can Bounce Back," HBS Working Knowledge, March 7, 2011, https://hbswk.hbs.edu/item/why-companies-failand-how-their-founders-can-bounce-back.

12　Block, Jeanne H., "Differential Premises Arising from Differential Socialization of the Sexes: Some Conjectures," *Child Development* 54, no. 6 (1983): 1335– 1354.

Chapter 4 你的文氏圖包含什麼？

1　Griffin, Abbie, and John R. Hauser, "The Voice of the Customer," *Marketing Science* 12, no. 1 (1993): 1– 27.

2　Guest, Greg, Emily Namey, and Mario Chen, "A Simple Method to Assess and Report Thematic

Saturation in Qualitative Research," *PLoS One* 15, no. 5 (2020): e0232076.

3 Petanjek, Zdravko, et al. "Extraordinary Neoteny of Synaptic Spines in the Human Prefrontal Cortex," *Proceedings of the National Academy of Sciences* 108, no. 32 (2011): 13281– 13286.

4 Steimer, Andreas, and André Mata, "Motivated Implicit Theories of Personality: My Weaknesses Will Go Away, but My Strengths Are Here to Stay," *Personality and Social Psychology Bulletin* 42, no. 4 (2016): 415– 429.

Chapter 5 為你的生活設計商業模式

1 Rosario, Isabella, "When the 'Hustle' Isn't Enough," NPR, April 3, 2020, https://www.npr.org/sections/codeswitch/2020/04/03/826015780/when-the-hustle-isnt-enough.

2 Carter, Niambi M., "Why Black People Should Be Rethinking the 'Hustle' Mentality," TheGrio, July 3, 2020, https://thegrio.com/2020/07/03/black-hustle-mentality/ .

3 Baptiste, Bethany, "The Tragedies of Trying to Get Agented," Bethany Baptiste, October 25, 2020, https://www.bethanybaptiste.com/blog/the-tragedies-of-trying-to-get-agented.

4 "Seven Years a 'Cobbler.' " Einstein at the patent office. Swiss Federal Institute of Intellectual Property, accessed June 26, 2022, https://www.ige.ch/en/about-us/the-history-of-the-ipi/einstein/einstein-at-the-patent-office.

5 Sessions, Hudson, Jennifer D. Nahrgang, Manuel J. Vaulont, Raseana Williams, and Amy L. Bartels, "Do the Hustle! Empowerment from Side-Hustles and Its Effects on Full-Time Work Performance," *Academy of Management Journal* 64, no. 1 (2021): 235– 264.

6 Blint-Welsh, Tyler, "Stacey Abrams on Her New Book and Why Publishers Passed Twice," *Wall Street Journal,* April 26, 2021, https://www.wsj.com/articles/stacey-abrams-interview-book-justice-sleeps-11619440116.

Chapter 6 製作你的投資組合

1 Gagne, Yasmin, "Prince Harry Says Quitting Can Be Good for Your Mental Health," *Fast Company,* December 6, 2021, https://www.fastcompany.com/90702784/prince-harry-says-quitting-can-be-good-for-your-mental-health.

Chapter 7 定期衡量工作與生活

1 Raja, Siva, and Sharon L. Stein, "Work–Life Balance: History, Costs, and Budgeting for Balance," *Clinics in Colon and Rectal Surgery* 27, no. 2 (2014): 71.

2 Moss Kanter, Rosabeth, "The Imperfect Balance between Work and Life," *Harvard Business Review,* August 7, 2014, https://hbr.org/2012/08/the-imperfect-balance-between.

3 Wynn, Alison T., and Aliya Hamid Rao. "Failures of Flexibility: How Perceived Control Motivates the Individualization of Work–Life Conflict," *ILR Review* 73, no. 1 (2020): 61– 90.

4 Mazmanian, Melissa, Wanda J. Orlikowski, JoAnne Yates, "The Autonomy Paradox: The Implications of Mobile Email Devices for Knowledge Professionals," *Organization Science* 24, no. 5 (2013): V1337– 1357.

5   Wynn, "Failures of Flexibility."

Chapter 8 建立你的團隊

1   Taussig, Alex, "3 Ways to Land a VC Job," *Fortune,* February 16, 2012, https://fortune.com/2012/02/16/3-ways-to-land-a-vc-job/.

2   Feeney, Brooke C., et al., "Predicting the Pursuit and Support of Challenging Life Opportunities," *Personality and Social Psychology Bulletin* 43, no.8 (2017): 1171– 1187.

Chapter 9 講述你的故事

1   Gee, Laura K., Jason Jones, and Moira Burke, "Social Networks and Labor Markets: How Strong Ties Relate to Job Finding on Facebook's Social Network," *Journal of Labor Economics* 35, no. 2 (2017): 485– 518.

2   Granovetter, Mark S., "The Strength of Weak Ties," *American Journal of Sociology* 78, no. 6 (1973): 1360– 1380.

Chapter 10 管理你的時間

1   Edwards, Jim, "Reddit's Alexis Ohanian Says 'Hustle Porn' Is 'One of the Most Toxic, Dangerous Things in Tech Right Now,' " Business Insider, November 6, 2018, https://www.businessinsider.com/reddit-alexis-ohanian-hustle-porn-toxic-dangerous-thing-in-tech-2018-11.

2   Goh, Joel, Jeffrey Pfeffer, and Stefanos A. Zenios, "The Relationship between Workplace Stressors and Mortality and Health Costs in the United States," *Management Science* 62, no. 2 (2016): 608– 628.

3   Schulte, Brigid, "Working Ourselves to Death: What Is American Karoshi?" New America, April 11, 2022, https://www.newamerica.org/better-life-lab/blog/working-ourselves-to-death-what-is-american-karoshi/.

4   Nakajima, Seiichi, *Introduction to TPM: Total Productive Maintenance* (New York: Productivity Press, 1988): 129.

5   Lu, Jingyi, Quingwen Fang, and Tian Qiu, "Rejectors Overestimate the Negative Consequences They Will Face from Refusal," *Journal of Experimental Psychology,* Applied (2022).

6   "[Infographic] Cost of Industrial Downtime: 20 Mind-Boggling Stats," BehrTech, May 11, 2021, https://behrtech.com/blog/infographic-20-mind-boggling-stats-on-cost-of-industrial-downtime.

7   Pinsker, Joe, "What Is Life Like When We Subtract Work from It?" *Atlantic,* May 23, 2022, https://www.theatlantic.com/family/archive/2022/05/us-sabbatical-helps-work-burnout/629956/.

8   DiDonna, DJ, "The Urgent Case for Sabbaticals for All," Time, November 17, 2021, https://time.com/charter/6120287/sabbaticals-time-off-great-resignation/.

9   "2019 Employee Benefits Survey," Society for Human Resource Management, April 24, 2020, https://

www.shrm.org/hr-today/trends-and-forecasting/research-and-surveys/pages/benefits19.aspx.

Chapter 11 分析你的財務數字

1 Bennett, Jessica, "I'll Share My Salary Information If You Share Yours," *New York Times,* January 9, 2020, https://www.nytimes.com/2020/01/09/style/women-salary-transparency.html.

2 Bullock, Maggie, "Aminatou Sow on Making $300,000 and Sending Money to Her Family," The Cut, March 1, 2019, https://www.thecut.com/2019/03/aminatou-sow-interview-money-spending.html.

3 Perhach, Paulette, "A Story of a Fuck-Off Fund," The Billfold, January 20, 2016, https://www.thebillfold.com/2016/01/a-story-of-a-fuck-off-fund/.

Chapter 12 預測未來，做好準備

1 Schwab, Klaus, Thierry Malleret, and Amy Webb, "Futurist Amy Webb on Why Scenario Planning Is Key to Creating a More Resilient World," World Economic Forum, January 19, 2022, https://www.weforum.org/agenda/2022/01/futurist-amy-webb-n-the-importance-of-scenario-planning/.

2 MIT Sloan Management Review, "6 The Flare and Focus of Successful Futurists," in *When Innovation Moves at Digital Speed: Strategies and Tactics to Provoke, Sustain, and Defend Innovation in Today's Unsettled Markets* (Cambridge, MA: MIT Press, 2018): 101–110.

3 MIT Sloan Management Review, "6 The Flare and Focus of Successful Futurists."

4 MIT Sloan Management Review, "6 The Flare and Focus of Successful Futurists."

5 McGonigal, Jane, *Imaginable: How to See the Future Coming and Feel Ready for Anything— Even Things That Seem Impossible Today* (New York: Spiegel & Grau, 2022).

6 Division of Reproductive Health, National Center for Chronic Disease Prevention and Health Promotion, "Pregnancy Mortality Surveillance System," Centers for Disease Control and Prevention, accessed June 26, 2022, https://www.cdc.gov/reproductivehealth/maternal-mortality/pregnancy-mortality-surveillance-system.htm.

結語 打造一個配得上你的人生

1 Paulson, Michael, "Now Is the Winter of Broadway's Discontent," *New York Times* January 16, 2022, https://www.nytimes.com/2022/01/16/theater/broadway-omicron-closings.html.

發現我的多重職涯組合

作者	克莉絲汀娜・華勒斯 Christina Wallace
譯者	何玉方
商周集團執行長	郭奕伶
商業周刊出版部	
總監	林雲
責任編輯	黃郡怡
封面設計	Javick studio
內文排版	洪玉玲
出版發行	城邦文化事業股份有限公司 商業周刊
地址	115020 台北市南港區昆陽街 16 號 6 樓
	電話：(02)2505-6789　傳真：(02)2503-6399
讀者服務專線	(02)2510-8888
商周集團網站服務信箱	mailbox@bwnet.com.tw
劃撥帳號	50003033
戶名	英屬蓋曼群島商家庭傳媒股份有限公司城邦分公司
網站	www.businessweekly.com.tw
香港發行所	城邦（香港）出版集團有限公司
	香港灣仔駱克道 193 號東超商業中心 1 樓
	電話：(852) 2508-6231　傳真：(852) 2578-9337
	E-mail：hkcite@biznetvigator.com
製版印刷	中原造像股份有限公司
總經銷	聯合發行股份有限公司 電話：(02) 2917-8022
初版 1 刷	2024 年 1 月
初版 2.5 刷	2024 年 4 月
定價	420 元
ISBN	978-626-7366-44-8（平裝）
EISBN	9786267366424（PDF）／ 9786267366431（EPUB）

國家圖書館出版品預行編目 (CIP) 資料

發現我的多重職涯組合 / 克莉絲汀娜 . 華勒斯 (Christina Wallace)
著 ; 何玉方譯 . -- 初版 . -- 臺北市 : 城邦文化事業股份有限公司商業
周刊 , 2024.01
272 面 ; 17×22 公分
譯　自 : The portfolio life : how to future-proof your career, avoid
burnout, and build a life bigger than your business card.
ISBN 978-626-7366-44-8(平裝)

1.CST: 自我實現 2.CST: 生涯規畫

177.2   112021466

藍學堂

學習・奇趣・輕鬆讀